쌤영어, 영어는 한마디로

그림으로 쉽게 이해하는 상황별 일상 회화

쌤영어, 영어는

글 윤상훈 ◦ 그림 주노

포르체

차례

PART 1 성격 CHARACTER

PART 2 기분과 상태 FEELINGS&CONDITION

PART 3 상황 SITUATION

PART 4 경고 WARNING

PART 5 위로/배려/격려 COMFORT®ARD&ENCOURAGE

PART 6 제안/요청 OFFER&REQUEST

PART 7 일상 표현 EVERYDAY EXPRESSION

PART 1

성격

CHARACTER

PART 1

① 느긋한 성격	Easy-going [이z지 고잉]
② 허풍쟁이	Full of hot air [F푸울 어브 핫 에얼]
③ 배짱 있네	You have the guts [유 햅v 더 것h츠]
④ 배짱 있네	You have the balls [유 햅v 더 벌즈z]
⑤ 허세 부리다	You're bluffing [유r얼 블러f핑]
⑥ 외향적인	Extrovert [엑스트러v벌트]
⑦ 내향적인	Introvert [인트러hv벌트]
⑧ 너 고집 세다	You're stubborn [유r얼 스터번]
⑨ 쪼잔하다	You're being petty [유r얼 비잉 페h티]
⑩ 호구	Pushover [P푸쇼v벌]
⑪ 그는 말썽꾸러기야	He's the black sheep [히즈 더 블래액 쉬이입]
⑫ 기웃거리다	You're snooping [유r얼 스누p피h잉]
⑬ 넌 참견쟁이야	You're nosy [유r얼 노z지]

⑭ 넌 마음이 여려	You're a softie [유r얼 사프fE티]
⑮ 과묵한 사람이네요	You're a man of few words [유r얼 어 맨 오v f퓨 워r즈z]
⑯ 말이 없는 편이에요	I'm not much of a talker [암 낫 머취 어브v 어 터a커]
⑰ 넌 너무 따분해	You're so square [유r얼 쏘우 스q퀘얼]
⑱ 완전 수다쟁이	You're such a chatterbox [유r얼 써h취 어 채터r박스]

Easy-going [이zi 고잉]

느긋한 성격

무던한 성격, 걱정 근심 없는 성격을 표현할 때 사용한다.

"I'm easy-going."

Full of hot air [F푸울 어브 핫 에얼]

허풍쟁이

끊임없이 허풍을 떨고 자기 자랑을 하는 사람에게 사용하는 표현이다. 강력한 표현으로는

"You're full of shit."

You have the guts [유 햅v 더 것h츠]

배짱 있네

어떤 일을 실행할 수 있는 용기, 배짱을 뜻하는 표현이다.

속어로 공식적인 자리에서는 사용 No!

You have the balls

[유 햅v 더 벌즈z]

배짱 있네

| the balls | = 어떤 일을 실행할 수 있는 용기, 배짱

속어로 공식적인 자리에서는 사용 No!

You're bluffing [유r얼 블러f핑]

허세 부리다

누군가 허세를 부리거나 엄포를 놓는 경우 **'bluff'**라는 표현을 사용할 수 있다.

Extrovert [엑스트러v벌트]

외향적인

본인이 외향적인 사람이라고 표현하고 싶을 때는

"I'm an extrovert."

Introvert [인트러hv벌트]

내향적인

내향적인 사람이라고 표현하고 싶을 때는

"I'm an introvert."

You're stubborn [유r얼 스터번]

너 고집 세다

자기 주장만 내세우고 융통성 없는 독불장군을 'stubborn'이라고 표현한다.

You're being petty [유r얼 비잉 페hEl]

쪼잔하다

| petty | = 누군가 옹졸하고 쩨쩨하게 행동할 때 사용하는 표현이다.

Pushover [P푸쇼v벌]

호구

남에게 쉽게 휘둘리는 만만한 사람, 호구

"You're a pushover."

He's the black sheep

[히즈 더 블래액 쉬이입]

그는 말썽꾸러기야

말썽쟁이, 골칫덩어리를 검은 양에 비유하는 표현이다.

'troublemaker' 대신 사용 가능하다.

You're snooping [유r얼 스누p피h잉]

기웃거리다

무슨 일이 없나 기웃기웃 염탐하는 것을

'snooping', 'snooping around'라고 한다.

You're nosy [유r얼 노z지]

넌 참견쟁이야

오지랖 넓은 사람이 코(nose)가 길어서 여기저기 들이대며 코로 찌른다는 뜻의 표현이다.

주변에 꼭 있는 '**Nosy neighbors**'!

You're a softie [유r얼 사프f티]

넌 마음이 여려

| softie | = 마음이 여린 사람

내 동생은 정말 마음이 여려 = My brother is a real softie.

15

character

You're a man of few words

[유r얼 어 맨 오v f퓨 워r즈z]

과묵한 사람이네요

별로 말이 없는 사람을 보고 "You don't talk much." 대신 사용할 수 있는 표현이다.

16

character

I'm not much of a talker

[암 낫 머취 어브v 어 터a커]

말이 없는 편이에요

평소 말하는 것에 피곤을 느낀다면, 사람들과 함께할 때 예의상 말하면 좋은 표현이다.

You're so square [유r얼 쏘우 스q꿰얼]

넌 너무 따분해

고지식하거나 지루하고 밋밋한 사람을 **'square'**라고 표현한다.
성격이 둥글지 못하고 네모나다는 뜻이다.
"You're so boring."과 비슷한 표현이다.

You're such a chatterbox

[유r얼 쌔h취 어 채터r박스]

완전 수다쟁이

말이 많은 사람을 표현할 때 "You're talkative." 대신 사용 가능한 표현이다.

PART
2

기분과 상태

FEELINGS & CONDITION

PART 2

❶ 화났어	I snapped [아이 스내앱트t]
	I'm ticked off! [암 틱드 어프f]
	I'm pissed off [암 피쓰드 어프f]
	I'm livid [암 리v비드]
	I flipped out [아이 f프을리입트t 아웃]
	I'm furious [암 f퓨우리어h스]
	Don't push my buttons [도운트t 푸쉬h 마이 벗튼z]
❷ 피곤해	I feel drained [아이 f퓌이일 주레인드]
	I'm fried [암 f푸롸이드]
	I'm spent [암 스펜트t]
	I'm exhausted [암 이h그 z자스티드]
	I'm worn out [암 워r언 아웃]
	I'm knackered [암 내컬r드]
	I'm beat [암 비잇트]
❸ 과식	I'm stuffed [암 스h터f프트]
	I overeat [아이 오우v벌이잇트]
❹ 취했어	I'm a little tipsy [암 어 릴 팁시]
	I'm buzzed [암 버엉z즈드]
	I'm pretty wasted [암 프리티 웨이스티드]

	I'm so hammered [암 쏘 해멀드]
	I'm trashed [암 츄뤠시드]
❺ 배고파	I'm feeling peckish [암 f퓔링 페키쉬]
	I'm starving to death [암 스탈v빙 투 데th쓰]
	I got the munchies [아 갓 더 먼치z즈]
	I'm hangry [암 행그뤼]
	I could eat a horse [아 쿠드 잇 어 호올쓰]
❻ 몸매	Nice figure [나이쓰 f퓌결]
	voluptuous [v벌렵처워스]
	toned [토운드]
❼ 맛	My mouth is watering [마이 마우th쓰 이즈 워터링]
	finger-lickin' good [f퓡거r 리킹 그우ㄷ]
	It's nutty [잇츠 너티]
❽ 날씨	downpour [다운포얼]
	It's a scorcher [잇츠 어 스콜쳐]
	It's sweltering [잇츠 스웰터링]
	It's muggy [잇츠 머기]
	It's humid [잇츠 휴미드]
	I'm sweating like a pig [암 스웨링 라익 어 피그]

PART 2

⑨ 겁먹다	I was so intimidated
	[아이 워즈 소우 인티미데이티드]
	I got cold feet [아이 갓 코올드 f핏]
⑩ 컨디션	My whole body aches [마이 호울 바디 에익스]
	I have a frog in my throat
	[아이 해v브 어 f프롸그 인 마이 th쓰로웃]
	I'm fit as a fiddle [아임 f핏 애즈 f피덜]
⑪ 솜씨	I'm all thumbs [아임 올 th떰즈]
	I have two left feet [아이 해v브 투 레f프트 f핏]
	I can't carry a tune [아이 캔트 캐어리 어 튠]
⑫ 식곤증 왔어	I had a food coma [아이 해드 어 푸드 코우머]
⑬ 나른하다	I'm feeling drowsy [암 f퓔링 드라우z지]
⑭ 우울하다	Down in the dumps [다운 인 더 더엄쓰]
⑮ 감동이야	I'm blown away [암 블로운 어웨이]
⑯ 진심으로	From the bottom of my heart
	[f프럼 더 바름 어브 마이 하알트]
⑰ 거슬린다/성가시네	Get on my nerves [겟 언 마이 널v브즈]
⑱ 뼈 때리다	Hit the nail on the head
	[힛 더 네일 온 더 헤드]

⑲ 부담스럽다	You're making me uncomfortable
	[유얼 메이킹 미 언컴f퍼터벌]
⑳ 빵 터짐!	Crack me up! [크랙 미 업]
㉑ 정신이 없어	I'm all over the place [암 올 오우버 더 플레이스]
㉒ 머리가 안 돌아가네	My brain is fried [마이 브레인 이즈 f푸롸이드]
㉓ 덜렁대는 거야	I'm just scatterbrained
	[암 저스트 스캐러브레인드]
㉔ 방심했어	I let my guard down [아이 렛 마이 가알드 다운]
㉕ 신경이 좀 곤두서 있다	I'm a little on edge [암 어 리를 안 에쥐]
㉖ 커피가 너무 당겨요	I'm jonesing for a cup of coffee
	[암 조운싱 f포얼 어 컵 어v브 커f피]
㉗ 나 펑펑 울었어	I cried my eyes out
	[아이 크라이드 마이 아이즈 아웃]
㉘ 위기에서 벗어나다	I'm out of the woods [암 아웃 어v브 더 우d즈]
㉙ 나 사람 볼 줄 알거든	I'm a good judge of character
	[암 어 그우ㄷ 저쥐 어v브 캐뤅터]
㉚ 나 회사에서 잘렸어	I got a pink slip [아이 갓 어 핑크 슬립]
㉛ 완전 신난다	I'm so psyched [암쏘 싸익트]
㉜ 그냥 촉이 그래	It's just a gut feeling [잇츠 저h스트 어 것 f필링]

33 피부가 뒤집어졌어	My face is breaking out
	[마이 f웨이스 이즈 브레이킹 아웃]
34 너 다크서클 생겼어	You got bags under your eyes
	[유 갓 배그즈 언더r 요어r 아이즈]
35 얼굴이 부어 있다	My face is puffy [마이 f웨이스 이즈 퍼f퓌]
36 너 완전 꿀 피부다	Your skin is glowing [요어r 스킨 이즈 글로우잉]
37 너무 답답해	It's stifling [잇츠 스타이f플링]
38 갇힌 기분이야	I feel trapped [아이 f필 트랩드]
39 신경질 난다	It's getting on my nerves
	[잇츠 게팅 안 마이 널v브즈]
40 결정을 못 하겠어	I'm at a crossroads [암 엣 어 크로스로우d즈]
41 밤새 뒤척였어	I tossed and turned all night
	[아이 토쓰드 앤드 턴r드 얼 나잇t]
42 그녀에게 불만이 있어	I have a beef with her [아이 해v브 어 비f프 윋 허r]
43 소외감 느껴	I feel like a fish out of water
	[아이 f필 라익 어 f피쉬 아웃 어v브 워러]
44 진짜 행복해!	I'm on cloud nine! [암 안 클라우드 나인]
45 입 냄새 쩔어	You have bad breath [유 해v브 배드 브레쓰]
46 노력 중이야	I'm working on it [암 월킹 안 잇]

47 말문이 막힌다	I'm at a loss for words [암 엣 어 로스 f포얼 워r즈]
48 돈이 좀 부족해	I'm a little short on cash
	[암 어 리틀 숄트 안 캐쉬]
49 겨우 먹고살아	I live paycheck to paycheck
	[아이 리브 페이첵 투 페이첵]
50 입이 귀에 걸림	You're smiling from ear to ear
	[유어 스마일링 f프럼 이어r 투 이어r]
51 양심에 찔려 죽겠네	My conscience is killing me
	[마이 칸션스 이즈 킬링 미]
52 오늘 늦잠 잤어	I slept in today [아이 슬렙트 인 터데이]
53 이해가 안 돼	It's all Greek to me [잇츠 올 그릭 투 미]
54 잘 듣고 있어요	I'm all ears [아임 얼 이어즈]
55 난 그걸 낱낱이 알고 있어	I know it backwards and forwards
	[아이 노우 잇 배크워즈 앤드 포워얼즈]
56 더 좋아지고 있어	It's growing on me [잇츠 그로우잉 안 미]
57 저는 야행성입니다	I'm a night owl [암 어 나잇t 아울]
58 잘 지내, 좋아	I can't complain [아이 캔트 컴플레인]
59 반가운 소식이야	It's music to my ears [잇츠 뮤직 투 마이 이얼쓰]
60 희한하네/별나네	That's bizarre [댓츠 버z자아r]

화났어

I snapped [아이 스내앱트t]

완전 화났어

통제가 안 될 정도의 화가 날 때 사용하는 표현이다.
'눈이 뒤집히다'라고도 해석 가능하다.

I snapped / I'm ticked off! / I'm pissed off / I'm livid / I flipped out / I'm furious / Don't push my buttons

I'm ticked off! [암 틱드 어프f]

화나네!

| tick off | = 화나다, 삐치다

네가 나를 화나게 했어! = You ticked me off!

화났어

1-3
feelings&
condition

I'm pissed off [암 피쓰드 어프f]

나 화났어

정말 화났을 때 사용하는 강력한 표현이다.

공식적인 자리에서는 **절대 사용 NO!**

I snapped / I'm ticked off! / I'm pissed off / I'm livid / I flipped out / I'm furious / Don't push my buttons

I'm livid [암 리v비드]

깊은 빡침

격노한 감정을 표현하는 단어 | livid | = 몹시 화가 난, 격노한 분노 게이지가 극에 달했을 때 사용한다.

화났어

I flipped out [아이 f프을리입트t 아웃]

나 완전 빡쳤어

| flip out | = 격노하다, 빡치다

모두가 화나 있어 = Everyone is flipping out.

I snapped / I'm ticked off! / I'm pissed off / I'm livid /
I flipped out / I'm furious / Don't push my buttons

I'm furious [암 f퓨우리어h스]

진짜 열받네

| furious | = 미친 듯이 격노, 분노한 순간에 사용한다.

화났어

Don't push my buttons

[도운트t 푸쉬h 마이 벗튼z]

화나게 하지 마

말 그대로 나를 화나게 하는 버튼을 누르지 말라고 경고하는 표현이다.

비슷한 표현은 **Don't make me angry**.

피곤해

I feel drained / I'm fried / I'm spent / I'm exhausted / I'm worn out / I'm knackered / I'm beat

I feel drained [아이 f퓌이일 주레이인드]

핵 피곤해

너무 힘들어서 정신적으로 피곤하고 기운이 없을 때 사용 가능한 표현이다.

피곤해

2-2
feelings&
condition

I'm fried [암 f푸라이드]

너무 피곤해

피곤해서 녹초가 되거나 진이 빠질 때 사용 가능하다.

I feel drained / I'm fried / I'm spent / I'm exhausted / I'm worn out / I'm knackered / I'm beat

2-3
feelings& condition

I'm spent [암 스펜트t]

완전 지쳤어

가지고 있는 에너지를 모두 사용해 힘이 하나도 없다는 뜻이다.

피곤해

I'm exhausted [암 이h그 z자스티드]

피곤해

| exhausted | = 고갈된

진이 완전 다 빠진 상태에서 극도의 피곤함을 나타내는 표현이다.

에너지가 고갈됐을 때를 상상하기!

I feel drained / I'm fried / I'm spent / I'm exhausted / I'm worn out / I'm knackered / I'm beat

2-5

feelings& condition

I'm worn out [암 워r언 아웃]

피곤해

| worn out | = 닳고 닳은, 닳아서 못 쓰게 된

몸이 힘들어서 매우 지치고 너덜너덜한 모습을 떠올리면 된다.

피곤해

2-6
feelings&
condition

I'm knackered [암 내컬r드]

피곤해

'기진맥진하다'의 영국식 표현으로, 피곤함에 절었다는 뜻이다.

I feel drained / I'm fried / I'm spent / I'm exhausted / I'm worn out / I'm knackered / I'm beat

I'm beat [암 비잇트]

피곤해

지치고 녹초가 된 경우 가능한 표현이다.

너무 피곤해서 한 대 맞았다고(beat) 생각하면 쉽다.

과식

I'm stuffed [암 스h터f프트]

배가 터지겠어

너무 많이 먹어서 배가 터질 거 같을 때
"I'm so full." 대신 사용 가능한 표현이다.

I overeat [아이 오우v벌이잇트]

과식하다

| overeat | = 평소보다 훨씬 많은 음식을 먹을 때

나 과식한 듯 = I think I overate.

취했어

I'm a little tipsy [암 어 릴 팁시]

약간 취했어

만취는 아니고 살짝 기분 좋게 술기운이 올라올 때 사용한다.

I'm a little tipsy / I'm buzzed / I'm pretty wasted / I'm so hammered / I'm trashed

I'm buzzed [암 버엉z즈드]

알딸딸해

알코올 때문에 알딸딸한 기분을 표현한다.

취했어

I'm pretty wasted [암 프리티 웨이스티드]

만취했어

| wasted | = 술에 많이 취했을 때

I'm a little tipsy / I'm buzzed / I'm pretty wasted / I'm so hammered / I'm trashed

I'm so hammered [암 쏘 해멀드]

고주망태

| **hammered** | = 완전히 심각한 고주망태인 상태

취했어

I'm trashed [암 츄뤠시드]

꽐라가 되다

술 마시고 쓰레기가 될 정도로 만취했을 때 사용한다.

나 만취했어 = I'm smashed. / I'm plastered.

I'm feeling peckish / I'm starving to death / I got the munchies / I'm hangry / I could eat a horse

I'm feeling peckish [암 f필링 페키쉬]

출출하다

많이 배고프지는 않지만 간식이 있으면 먹겠다는 뜻이다.

배고파

I'm starving to death

[암 스탈v빙 투 데th쓰]

배고파 죽겠어

| **starve** | = 굶주리다, 굶어 죽다

너무 굶어서 심하게 배고플 때 사용하는 표현이다.

I'm feeling peckish / I'm starving to death / I got the munchies / I'm hangry / I could eat a horse

I got the munchies [아 갓 더 먼치z즈]

입이 심심해

| munchies | = 과자 같은 간단한 스낵

간식이 당길 때 사용하며 미국 드라마에 자주 등장하는 표현이다.

배고파

I'm hangry [암 행그뤼]

배고파서 화가 난다

배고파서 극도로 민감할 때 사용하는 표현이다.

hungry 배고파서 + **angry** 화가 나다 = **hangry**

I'm feeling peckish / I'm starving to death / I got the munchies / I'm hangry / I could eat a horse

I could eat a horse [아 쿠드 잇 어 호올쓰]

너무 배고파

말도 잡아먹겠다는 뜻으로, 정말 배가 고플 때 **hungry** 대신 사용하는 표현이다.

몸매

6

feelings& condition

Nice figure [나이쓰 f퓌결]

멋진 몸매

몸매가 좋다 = You have a nice figure.

beautiful figure, lovely figure, good figure

등 다양하게 사용한다.

voluptuous [v벌럽처워스]

육감적이다

풍만하고 육감적인 몸매를 가졌다는 뜻이다.
'글래머(**glamour**)'는 화려함, 귀티 난다는 뜻으로 몸매가 볼륨 있다는 뜻이 아니다.

몸매

toned [토운드]

탄탄한 몸매

| **toned body** | = 탄탄한 몸매

군살 없이 건강미가 넘치는 몸매를 표현할 때 사용한다.

난 원래 탄탄한 몸매를 가졌어 = **I'm naturally toned.**

My mouth is watering

[마이 마우th쓰 이즈 워터링]

군침이 도네

맛있는 음식을 생각하거나 보았을 때 입에 군침이 돈다는 영어식 표현이다.

맛

finger-lickin' good [f퓡거r 리킹 그우ㄷ]

정말 맛있다

손가락까지 핥을 정도로 맛있다는 뜻이다.

맛있는 음식을 표현할 때 쓰는 감탄사이며, KFC 슬로건으로 소개된 후 대중화된 표현이다.

It's nutty [잇츠 너티]

고소한 맛

호두, 땅콩 같은 견과류의 고소함은 영어로 **'nutty'** 라고 표현한다.

날씨

downpour [다운포얼]

폭우

비를 아래로 퍼붓는다는 표현으로

'heavy rain' 대신 사용 가능한 표현이다.

완전 심한 폭우였어 = It was a pretty heavy downpour too.

downpour / It's a scorcher / It's sweltering / It's muggy / It's humid / I'm sweating like a pig

8-2
feelings& condition

It's a scorcher [잇츠 어 스콜쳐]

찜통더위

| scorcher | = 모든 걸 태워버릴 듯이 푹푹 찌는 더운 날씨

날씨

8-3 feelings& condition

It's sweltering [잇츠 스웰터링]

숨 막히는 더위

완전 찜통더위일 때 **"It's hot!"** 대신 사용 가능한 표현이 바로 **'sweltering'**이다.

downpour / It's a scorcher / It's sweltering / It's muggy / It's humid / I'm sweating like a pig

It's muggy [잇츠 머기]

끕끕하다

장마철에 기분 나쁠 정도로 습하고 더울 때 사용 가능한 표현이다. **'후덥지근하다'**라는 의미와 같다.

날씨

It's humid [잇츠 휴미드]

습하다

| humid | = 불쾌하게 습하다

비가 내리는 날이나 장마가 와서 습할 때 사용하는 표현이다.

downpour / It's a scorcher / It's sweltering /
It's muggy / It's humid / I'm sweating like a pig

8-6

feelings& condition

I'm sweating like a pig

[암 스웨링 라익 어 피그]

육수 폭발

땀을 많이 흘려 육수 흘린다는 우스갯소리다.
땀범벅, 땀샘 폭발을 의미한다.

겁먹다

I was so intimidated

[아이 워즈 소우 인티미데이티드]

완전 쫄았거든

무섭고 떨리고 놀라서 주눅 들거나 위축된 경우 사용 가능한 표현이다.

I got cold feet [아이 갓 코울드 f핏]

겁먹다

| Get cold feet | = 무서워하다, 겁먹고 주눅이 들다

긴장하거나 무서울 때 갑자기 손발이 차가워지는 것을 생각하면 된다.

컨디션

My whole body aches

[마이 호울 바디 에익스]

몸살 난 듯해

몸살이 나서 온몸이 쑤신다고 말할 때 사용하는 표현이다. 삭신이 아프다는 뜻이다.

I have a frog in my throat

[아이 해v브 어 f프롸그 인 마이 th쓰로웃]

목이 잠겼어

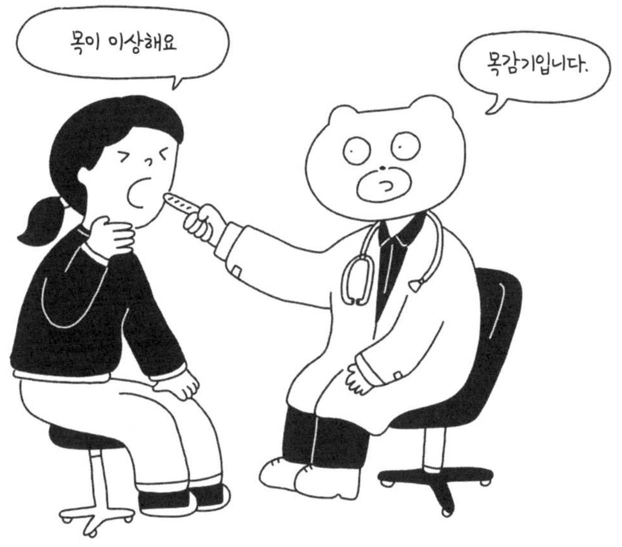

감기 기운이 있을 때 목소리 상태가 마치 개구리 울음소리랑 비슷한 것을 상상하면 쉽다.

컨디션

I'm fit as a fiddle [아임 f핏 애즈 f피덜]

나 완전 건강해

건강하다를 영어로 **"I'm healthy."**라고만 했다면?
매우 건강하고 컨디션 좋을 때 사용하는 표현이다.

I'm all thumbs [아임 올 th떰즈]

나 똥손이야

손가락이 전부 엄지손가락이면 손재주가 없을 것이다. 어떤 일을 잘하지 못한다는 뜻으로 사용한다.

"I'm not good at it." 대신 사용 가능하다.

솜씨

11-2
feelings&
condition

I have two left feet

[아이 해v브 투 레f프트 f핏]

나 몸치야

양발이 모두 똑같은 왼발이라면 춤을 못 출 것이다.
"I can't dance." 대신 사용 가능 표현!

I can't carry a tune

[아이 캔트 캐어리 어 튠]

나 음치야

비슷한 표현으로는 | **tone-deaf** |

난 음치야 = **I'm tone-deaf.**

I had a food coma

[아이 해드 어 푸드 코우머]

식곤증 왔어

혼수상태라는 뜻의 coma, 음식을 너무 많이 먹어서 혼수상태가 될 만큼 졸리다는 뜻이다.

13

feelings&
condition

I'm feeling drowsy [암 f퓔링 드라우z지]

나른하다

약을 먹거나 식곤증이 올 때 느껴지는 나른함을 **'feel drowsy'** 라고 한다. '졸리다'는 뜻도 있다.

Down in the dumps [다운 인 더 더엄쓰]

우울하다

| **dump** | = 쓰레기 더미

쓰레기 처리장에 처박히면 어떤 기분인지 상상하면 된다.

모두가 우울하다 = **Everyone's down in the dumps.**

15

feelings& condition

I'm blown away [암 블로운 어웨이]

감동이야

놀라거나 깊은 인상을 받았을 때 **'blown away'**라는 표현을 사용할 수 있다.

16
feelings&
condition

From the bottom of my heart

[f프럼 더 바름 어브 마이 하알트]

진심으로

깊은 마음속으로부터 나오는 진심이라는 뜻이다.

진심으로 사랑해 = **I love you from the bottom of my heart.**

Get on my nerves [겟 언 마이 널v브즈]

거슬린다 / 성가시네

누군가 내 신경을 거스르고 짜증나게 할 때 사용 가능한 표현이다.

너 거슬린다 = **You're getting on my nerves.**

Hit the nail on the head

[힛 더 네일 온 더 헤드]

뼈 때리다

정확하게 맞는 말을 해서 정곡을 찔렸을 때 또는 팩트로 **촌철살인 당했을 때** 사용 가능한 표현이다.

You're making me uncomfortable [유얼 메이킹 미 언컴f퍼터벌]

부담스럽다

불편한 상황에서 상대방에게 느껴지는 부담스러움을 표현할 때 사용한다.

20
feelings&
condition

Crack me up! [크랙 미 업]

빵 터짐!

웃음이 갑자기 빵하고 터졌을 때 사용 가능한 표현이다.

너 때문에 완전 빵 터졌어 = You crack me up.

I'm all over the place

[암 올 오우버 더 플레이스]

정신이 없어

직역하면 '여기저기'라는 뜻이지만 정신없고 엉망인 혼란스러운 상황에서 사용 가능하다.

22

feelings&
condition

My brain is fried

[마이 브레인 이즈 f푸롸이드]

머리가 안 돌아가네

머리를 하도 굴리다 보니 과부하에 걸린 컴퓨터처럼 타버렸다는 뜻이다.

I'm just scatterbrained

[암 저스트 스캐러브레인드]

덜렁대는 거야

| **scatterbrain** | = 정신이 산만한, 덜렁대는 사람

덜렁대며 약간 허당기가 있는 사람을 표현한다.

I let my guard down

[아이 렛 마이 가알드 다운]

방심했어

항상 올리고 있던 가드를 내리는 순간 끝! 방심은 금물!

방심하지 마 = **Don't let your guard down.**

25

feelings& condition

I'm a little on edge [암 어 리를 안 에쥐]

신경이 좀 곤두서 있다

| on edge | = 예민하다, 안절부절못하다

너 좀 예민하다 = You're on edge.

I'm jonesing for a cup of coffee

[암 조운싱 f포얼 어 컵 어v브 커f피]

커피가 너무 당겨요

| jones for | = 몹시 ~고 싶다, 간절히 바라다, ~가 너무 당기다
슬랭으로, 공식적인 자리에서는 사용하지 않는 것을 추천한다.
비슷한 표현으로는 **'craving for'**을 사용할 수 있다.

27

feelings& condition

I cried my eyes out

[아이 크라이드 마이 아이즈 아웃]

나 펑펑 울었어

눈이 퉁퉁 부을 정도로 울다 = cry one's eyes out

I'm out of the woods

[암 아웃 어v브 더 우d즈]

위기에서 벗어나다

숲에서 길을 잃었다가 벗어났다고 생각하면 된다.

곤경, 위험에서 벗어났을 때 사용한다.

I'm a good judge of character!

[암 어 그우ㄷ 저쥐 어v브 케뤽터]

나 사람 볼 줄 알거든

겉보기에는 순진해 보여도 사람의 속은 모른다. 사람을 보고 바로 판단을 내릴 수 있을 때 사용한다.

I got a pink slip [아이 갓 어 핑크 슬립]

나 회사에서 잘렸어

예전에 해고를 통지할 때 분홍색 종이를 사용한 데서 생겨난 표현이다.

"I got fired." 대신 사용 가능하다.

I'm so psyched [암쏘 싸익트]

완전 신난다

신날 때 항상 "I'm so excited."라고 했다면 대신 사용 가능한 표현이다.

It's just a gut feeling

[잇츠 저h스트 어 것 f필링]

그냥 촉이 그래

'**gut**'의 뜻은 내장이지만 촉, 직감은 '**gut feeling**'이다.

33

feelings&
condition

My face is breaking out

[마이 f웨이스 이즈 브레이킹 아웃]

피부가 뒤집어졌어

| break out | = (화장품이 안 맞을 때, 스트레스 때문에) 피부가 뒤집어지다, ~이 잔뜩 나다

34

feelings&
condition

You got bags under your eyes

[유 갓 배그즈 언더r 요어r 아이즈]

너 다크서클 생겼어

| **bag** | = 가방, 자루

눈 밑에 시커먼 자루가 있다고 생각하면 쉽다.

35 My face is puffy [마이 f페이스 이즈 퍼f퓌]

feelings& condition

얼굴이 부어 있다

| **puffy** | = 퉁퉁 부어 있는

라면을 먹고 다음 날 부어 있는 내 얼굴!

36
feelings& condition

Your skin is glowing

[요어r 스킨 이즈 글로우잉]

너 완전 꿀 피부다

| **glow** | = 반짝반짝, 빛이 나는

'피부가 좋다'는 최고의 칭찬 중 하나!

It's stifling [잇츠 스타이f플링]

너무 답답해

| stifle | = 숨막히다, (감정을) 억누른다는 뜻

나 답답해 = I'm stifled.

I feel trapped [아이 f필 트랩드]

갇힌 기분이야

| **feel trapped** | = ~에 빠진, 갇힌

덫(trap)에 걸려 빠져나가지 못하는 느낌이 들 때 사용한다.

It's getting on my nerves

[잇츠 게팅 안 마이 널v브즈]

신경질 난다

누군가 내 신경(nerve)을 건드리거나 거슬리게 행동할 때 사용 가능하다.

40

feelings& condition

I'm at a crossroads

[암 엣 어 크로스로우d즈]

결정을 못 하겠어

| crossroad | = 교차로

결정을 내리지 못하는 것을 교차로 한가운데 있는 것에 비유한 표현이다.

I tossed and turned all night

[아이 토쓰드 앤드 턴r드 얼 나잇t]

밤새 뒤척였어

| toss and turn | = 잠을 설치다

잠을 잘 때 뒤척이고 설쳤다는 표현이다.

"I couldn't sleep well." 대신 사용 가능 표현이다.

I have a beef with her

[아이 해v브 어 비f프 윋 허r]

그녀에게 불만이 있어

| beef | = 소고기라고만 알았다면?

"Have a beef with someone."이라는 표현에서 'beef'는 불만, 사람들과 불화, 다툼이라는 뜻으로도 쓰인다.

43

feelings&
condition

I feel like a fish out of water

[아이 f필 라익 어 f피쉬 아웃 어v브 워러]

소외감 느껴

물에서 나온 물고기처럼 어울리지 않는 장소에 있다는 뜻이다.
어색한 공간에 있을 때 사용 가능한 표현이다.

I'm on cloud nine! [암 안 클라우드 나인]

진짜 행복해!

기분 좋을 때 구름 위를 걷는 것 같다는 표현이다.
정말 기분이 황홀하고 좋을 때 사용 가능!

45

feelings&
condition

You have bad breath

[유 해v브 배드 브레쓰]

입 냄새 쩔어

입에서 냄새난다고 **"mouth smells bad"**가 아니다.

숨(breath)을 쉬고 입을 열 때마다 악취가 난다는 뜻이다.

I'm working on it [암 웕킹 안 잇]

노력 중이야

노력 중이야 = **"I'm trying."** 이라고만 하지 말고
'work on something'을 사용해 보자!

I'm at a loss for words

[암 엣 어 로스 f포얼 워r즈]

말문이 막힌다

너무 화가 나서 아무 말도 나오지 않는 순간 할 말조차 잊어버렸다는 뜻이다.

"I'm speechless."도 사용 가능하다.

I'm a little short on cash

[암 어 리를 숄트 안 캐쉬]

돈이 좀 부족해

무언가 부족할 때는 영어로 **"I'm short on ____"**라고 하면 된다.

I live paycheck to paycheck

[아이 리브 페이첵 투 페이첵]

겨우 먹고살아

| **paycheck** | = 월급

월급은 잠깐 통장을 스쳐만 갈 뿐 열심히 벌어서 근근이 먹고 산다는 뜻이다.

You're smiling from ear to ear

[유어 스마일링 f프럼 이어r 투 이어r]

입이 귀에 걸림

웃음이 입가에서 떠나지 않는 친구에게 사용 가능한 표현이다.

51
feelings&
condition

My conscience is killing me

[마이 칸션스 이즈 킬링 미]

양심에 찔려 죽겠네

| conscience | = 양심

죄책감이 들 때 **"I feel guilty."**와 비슷한 표현이다.

I slept in today [아이 슬렙트 인 터데이]

오늘 늦잠 잤어

| sleep in | = 본인이 평소 일어나는 시간을 넘어서 늦잠 자다

"I woke up late." 대신 사용 가능한 표현이다.

It's all Greek to me [잇스 올 그릭 투 미]

이해가 안 돼

"I don't understand." 대신 미드에 자주 등장하는 표현이다.

그리스어로(Greek) 들려 못 알아듣겠다는 뜻이다.

54

feelings&
condition

I'm all ears [아임 얼 이어즈]

잘 듣고 있어요

나 경청 중이야 **"I'm listening."** 대신 사용 가능한 표현이다.
두 귀를 쫑긋 세우고 듣고 있어요!

55
feelings&
condition

I know it backwards and forwards [아이 노우 잇 배크워즈 앤드 포워얼즈]

난 그걸 낱낱이 알고 있어

앞뒤로 훤히 다 안다는 뜻이다.

비슷한 표현으로는 "I know it inch by inch."가 있다.

It's growing on me [잇츠 그로우잉 안 미]

더 좋아지고 있어

처음에는 별 감흥이 없다가도 시간이 지나면서 좋아지는 것들을 표현할 때 사용한다.

좋아하는 감정이 내 안에서 자란다고 생각하면 된다.

I'm a night owl [암 어 나잇 아울]

저는 야행성입니다

주로 늦은 시간까지 활동하는 사람들, 올빼미족이라고 하는 사람들을 말한다.

저는 아침형 인간입니다 = **I'm an early bird.**

I can't complain [아이 캔트 컴플레인]

잘 지내, 좋아

누가 잘 지내냐고 물어볼 때 별일 없다, 불평할 것 없이 아주 좋게 지내고 있다는 뜻이다.
"I'm good." 대신 사용 가능하다.

59
feelings&
condition

It's music to my ears

[잇스 뮤직 투 마이 이얼쓰]

반가운 소식이야

카페에서 좋아하는 음악이 나와 반가울 때를 생각하면 된다. 좋은 소식은 음악처럼 들린다고 해서 생긴 표현이다.

= That's good news.

60

feelings& condition

That's bizarre [댓츠 버z자아r]

희한하네 / 별나네

| bizarre | = (보통과는 좀 다르다는 부정적인 뜻으로) 기이한, 별난, 기괴한

PART
3

상황

SITUATION

PART 3

❶ 눈치	You catch on quick [유 캐치 안 q퀵]
	Take a hint [테익 어 힌트]
	Read the room [리드 더 룸]
	Did you guys pick up on that?
	[디유 가이즈 픽업 안 댓]
	Walk on eggshells [웤ㅋ 안 에그쉘즈]
	I guess you didn't get the memo
	[아이 게스 유 디든트 겟 더 메모우]
❷ 갑자기	Out of nowhere [아웃 어v브 노우웨어]
	That's random [댓츠 랜덤]
	Out of the blue [아웃 어브 더 블루]
	It's out of the blue [잇츠 아웃 어브 더 블루]
❸ 너나 잘해	Look who's talking [룩 후즈 토킹]
	Mind your own business [마인드 요어 오운 비즈니스]
	Stay out of my business
	[스테이 아웃 어브 마이 비즈니스]

	It is none of your business
	[잇 이즈 넌 어브 요어r 비즈니스]
	Speak for yourself [스픽 f포얼 요어r셀프]
	This doesn't concern you [디스 더즌t 컨썰n 유]
❹ 더치페이	Let's go Dutch [렛츠 고우 더치]
	Let's split the bill [렛츠 스플릿 더 빌]
❺ 억울해	I didn't do it, It wasn't me
	[아이 디든트 두 잇, 잇 워즌트 미]
	I'm being falsely accused [암 비잉 f폴슬리 어큐즈드]
	I'm innocent [암 이너선트]
❻ 다행이다	A load off my mind [어 로우드 오프 마이 마인드]
	Such a relief [서치 어 r릴리프]
	What a relief [윗 어 r릴리f프]
❼ 술 한잔	Are you up for a drink? [아r 유 업 f포r 어 드링크]
	Let's go grab a drink! [렛츠 고우 그래브 어 드링크]
	Care for a drink? [케어 f포r 어 드링크]

PART 3

	One for the road! [원 f포r 더 r로우드]
❽ 정신 차려	Pull yourself together! [풀 요어r셀프 터게더]
	Snap out of it [스냅 아웃 어브 잇]
	Get it together [겟 잇 터게더]
❾ 천천히	Take all the time you need!
	[테익 올 더 타임 유 니드]
	There's no rush [데얼즈 노우 러쉬]
	Take your time [테익 요어r 타임]
	Take it slow [테익 잇 슬로우]
❿ 빨리빨리	Shake a leg! [셰익 어 레그]
	Get a move on! [겟 어 무v브 안]
	Let's pick up the pace! [렛츠 픽업 더 페이스]
⓫ 비밀	Keep it on the down low [킵 잇 안 더 다운 로우]
	This is between me and you
	[디스 이즈 비트윈 미 엔드 유]
	My lips are sealed [마이 립스 아알 실드]

⓬ 솔직하게	Give it to me straight [기v브 잇 투 미 스트레이트]
	Let's put our cards on the table
	[렛츠 풋 아우월 카아r즈 안 더 테이벌]
⓭ 대단해	Nailed it [네일드 잇]
	It's out of this world [잇츠 아웃 어브 디스 월r드]
	It was a Kodak moment!
	[잇 워즈 어 코우댁 모우먼트]
⓮ 오해 금지	Don't get me wrong [도운트 겟 미 뤙]
	Don't take this the wrong way
	[도운트 테익 디스 더 뤙 웨이]
⓯ 마지막 기회	It's the eleventh hour [잇츠 디 일레번th쓰 아우어]
	It's your last shot [잇츠 요어r 래스트 샷]
⓰ 절연	I cut ties with him [아이 컷 타이즈 윋 힘]
	I burned bridges with him
	[아이 번r드 브릳지스 윋 힘]

눈치

You catch on quick [유 캐치 안 q퀵]

눈치가 빠르네

상대방의 마음을 빨리 알아채거나 분위기를 빨리 파악할 때 사용하는 표현이다.

You catch on quick / Take a hint / Read the room / Did you guys pick up on that? / Walk on eggshells / I guess you didn't get the memo

Take a hint [테익 어 힌트]

눈치 좀 채

그만하면 알아차려! 라는 표현으로 눈치 없는 친구에게 사용 가능하다

눈치

Read the room [리드 더 룸]

눈치 챙겨

'분위기 파악 좀 하자', '눈치 좀 챙겨'라는 뜻으로 이 방의 분위기를 파악하라는 표현이다.

You catch on quick / Take a hint / Read the room / Did you guys pick up on that? / Walk on eggshells / I guess you didn't get the memo

1-4
situation

Did you guys pick up on that?

[디유 가이즈 픽업 안 댓]

너희들 눈치챘어?

눈치채다, 알아차리다 라는 뜻으로 **'pick up on'**이란 표현을 사용해 보자.

눈치

Walk on eggshells [웤ㅋ 안 에그쉘즈]

눈치를 보다

달걀 껍질 위는 걷는 것처럼 예민하고 깐깐한 사람 옆에서 항상 조심하고 눈치를 봐야 한다는 표현이다.

난 항상 눈치를 보고 있어 = **I'm always walking on eggshells.**

You catch on quick / Take a hint / Read the room / Did you guys pick up on that? / Walk on eggshells / I guess you didn't get the memo

I guess you didn't get the memo

[아이 게스 유 디든트 겟 더 메모우]

너 혼자만 모르는 듯

사람들이 다 알고 있는 사실을 누구 혼자만 모르고 있는 상황에서 사용하는 표현이다.

메모를 전달받다 = **get the memo**

갑자기

Out of nowhere [아웃 어v브 노우웨어]

생뚱맞다

| Out of nowhere | = 갑자기, 불시에

생뚱맞은 경우 사용 가능한 표현이다.

Out of nowhere / That's random / Out of the blue / It's out of the blue

That's random [댓츠 뤤덤]

생뚱맞다

| **random** | = 무작위, 마구잡이

갑자기 생뚱맞고 당황스러운 경우 사용한다.

갑자기

Out of the blue [아웃 어브 더 블루]

뜬금없다!

'난데없이, 갑자기 느닷없이'를 표현할 때는 영어로

"out of the blue."

Out of nowhere / That's random / Out of the blue / It's out of the blue

It's out of the blue [잇츠 아웃 어브 더 블루]

너무 급작스러운 거 아니야?

느닷없이, 갑자기 무슨 일이 일어났을 때 사용한다.

"It's out of nowhere." 도 비슷한 표현이다.

너나 잘해

Look who's talking [룩 후즈 토킹]

너나 잘해

자신이 가진 결함도 모르고 남의 이야기만 할 때 **'사돈 남 말하네'**라는 표현이다.

Look who's talking / Mind your own business / Stay out of my business / It is none of your business / Speak for yourself / This doesn't concern you

Mind your own business

[마인드 요어 오운 비즈니스]

너나 잘해

남의 일 말고 당신 일이나 신경 쓰라는 표현이다.

정말 짜증 날 때만 사용해야 한다.

너나 잘해

Stay out of my business

[스테이 아웃 어브 마이 비즈니스]

참견하지 마

내 일에 참견하지 말라는 뜻!

조금이라도 친절하게 말하려면 **"Why don't you~"**를 앞에 붙이면 된다.

Look who's talking / Mind your own business / Stay out of my business / It is none of your business / Speak for yourself / This doesn't concern you

It is none of your business

[잇 이즈 넌 어브 요어r 비즈니스]

상관하지 마

오지랖 넓게 참견하는 사람에게 참견 말라고 할 때 사용한다.

너나 잘해

3-5
situation

Speak for yourself

[스픽 f포얼 요어r셀프]

너나 그렇지

| speak for somebody | = ~감정, 입장을 표현하다, 대면하다

상대방이 나와 다른 의견을 내놓았을 때 '너나 그렇지, 난 안 그래'라는 것을 의미한다.

그건 네 생각이고, 난 안 그래 = Speak for yourself.

Look who's talking / Mind your own business / Stay out of my business / It is none of your business / Speak for yourself / This doesn't concern you

This doesn't concern you

[디스 더즌t 컨썰n 유]

네가 상관할 바 아니야

누군가 자꾸 귀찮게 내 일에 참견할 때 상관하지 말라는 표현이다.

더치페이

Let's go Dutch [렛츠 고우 더치]

더치페이 하자

비용을 각자 부담해야 할 때는 'Dutch pay'가 아니라 'go Dutch'라고 한다.

Let's split the bill [렛츠 스플릿 더 빌]

나눠서 내자

직역하면 계산서를 나눈다는 뜻으로 비용을 나눠서 내자고 말할 때 사용 가능한 표현이다.

억울해

I didn't do it, It wasn't me

[아이 디든트 두 잇, 잇 워즌트 미]

억울해요

어떤 일을 내가 한 것으로 오해받을 때 **'저 아니에요, 제가 한 것 아니에요'**라는 뜻이다.

'억울해요'의 영어식 표현!

I didn't do it, It wasn't me / I'm being falsely accused / I'm innocent

I'm being falsely accused

[암 비잉 f폴슬리 어큐즈드]

누명을 쓴 거예요

전 누명을 쓴 거예요!

누명을 써서 억울한 상황에서 사용 가능한 표현이다.

억울해

I'm innocent [암 이너선트]

결백해요

'저는 결백해요', **'무고해요'**라는 뜻으로 잘못이 없는 억울한 상황에서 사용한다.

A load off my mind

[어 로우드 오프 마이 마인드]

다행이다

마음의 무거운 짐을 덜고 나서 다행이라고 표현할 때 사용 가능!

한 짐 덜었네 = **That's a load off my mind.**

다행이다

다행이다, 너무 다행이야 = **That's such a relief.**

What a relief [웟 어 r릴리f프]

다행이다

걱정했던 일이 잘 해결돼서 **'정말 다행이야, 안심이야'**라는 뜻이다.

술 한잔

Are you up for a drink?

[어r 유 업 f포r 어 드링크]

술 한잔할래?

상대방에게 편하게 술 한잔하자고 물어보는 표현이다.
이에 대한 긍정적 대답은 **"I'm up for it!"**

Are you up for a drink? / Let's go grab a drink! / Care for a drink? / One for the road!

Let's go grab a drink!

[렛츠 고우 그래브 어 드링크]

술 한잔하러 가자!

'술 마시다'라는 뜻으로, 'drink' 대신 'grab'이라는 표현도 사용한다.

맥주 한잔하자 = Let's grab a beer!

술 한잔 더 하자 = Grab another drink.

술 한잔

Care for a drink? [케어 f포r 어 드링크]

한잔하실래요?

파티나 술집에 막 도착한 사람에게 물어볼 때, 바텐더나 웨이터가 주문을 받을 때도 사용한다.

Are you up for a drink? / Let's go grab a drink! / Care for a drink? / One for the road!

One for the road! [원 f포r 더 r로우드]

막잔하고 가자!

"이 술만 마시고 이제 집에 갑시다."
마지막 한 잔이라는 뜻의 표현이다.

정신 차려

Pull yourself together!

[풀 요어r셀프 터게더]

정신 차려!

흩어진 정신을 다시 모아 정신 차리라는 의미다.

짧게 **"Pull it together."**라고도 표현한다.

Snap out of it [스냅 아웃 어브 잇]

정신 차려

부정적인 행동, 경험에서 정신 차리고 나오라는 표현이다.

정신 차려

Get it together [겟 잇 터게더]

정신 차려

너무 들떠 있거나 산만한 사람에게 **정신 차리고 평온한 마음 상태로 돌아오라는 뜻**으로 사용한다.

천천히

Take all the time you need! / There's no rush / Take your time / Take it slow

Take all the time you need!

[테익 올 더 타임 유 니드]

천천히 해!

시간 여유가 있으니 천천히 해도 된다는 배려 깊은 표현이다.

천천히

There's no rush [데얼즈 노우 러쉬]

천천히 해

| rush | = 서두르다

'No rush'는 급하게 할 필요 없다는 뜻이다.

Take all the time you need! / There's no rush / Take your time / Take it slow

9-3 situation

Take your time [테익 요어r 타임]

천천히 해

급한 일이 아니라면 시간에 여유를 가지라는 표현이다.

천천히

Take it slow [테익 잇 슬로우]

천천히 해

| slow | = 천천히

급할 것 없으니 쉬엄쉬엄하라는 뜻이다.

빨리빨리

Shake a leg! / Get a move on! / Let's pick up the pace!

10 situation

Shake a leg! [셰익 어 레그]

빨리빨리!

행동을 서둘러라, 빨리하라는 표현이다.

다리를 흔들라는 말이 아님!

빨리빨리

Get a move on! [겟 어 무v브 안]

빨리빨리!

당장 움직여서 빨리 시작해라, 서두르라는 독촉하는 표현이다.

Let's pick up the pace!

[렛츠 픽업 더 페이스]

빨리빨리!

상대방에게 속도(pace)를 올려서 빨리빨리 하자는 표현이다.

비밀

Keep it on the down low

[킵 잇 안 더 다운 로우]

비밀이야

무언가를 비밀로 할 때 믿을 만한 사람에게만 알려준다는 뜻으로 사용하는 표현이다.

비밀 지킬 수 있지? = **Can you keep it on the down low?**

This is between me and you

[디스 이즈 비트윈 미 엔드 유]

비밀이야

"This is a secret." 대신 너와 나만 알고 있어야 하는 비밀이라는 표현이다.

비밀

My lips are sealed

[마이 립스 아알 실드]

나 입 무거워

| seal | = 봉인, 밀봉하다

친구에게 "나 입 꾹 다물게."라며 비밀을 지키겠다고 말할 때 사용한다.

솔직하게

Give it to me straight / Let's put our cards on the table

Give it to me straight

[기v브 잇 투 미 스트레이트]

솔직하게 말해줘

사실을 숨기지 않고 있는 그대로 솔직히 말한다는 표현이다.

솔직하게 말해줄게 = **I'll give it to you straight.**

솔직하게

Let's put our cards on the table

[렛츠 풋 아우월 카아r즈 안 더 테이블]

솔직하게 말합시다

감정에 대해 완전 정직하고 솔직하게 밝히자는 뜻이다.

솔직히 까놓고 말해서 = put one's cards on the table.

대단해

Nailed it / It's out of this world / It was a Kodak moment!

Nailed it [네일드 잇]

대단해

무엇을 아주 완벽하게 잘 해낸 경우 '대단하다, 굉장했다'는 의미의 영어 표현이다.

네가 완전 찢었어 = **You nailed it.**

대단해

13-2 situation It's out of this world

[잇츠 아웃 어브 디스 월r드]

정말 끝내준다

너무 멋지고 끝내주는 것들을 보거나 텐션이 엄청 높을 때 사용하는 표현이다.

It was a Kodak moment!

[잇 워즈 어 코우댁 모우먼트]

대단한 순간이었어!

유명 필름 회사 'Kodak'이라는 단어가 들어가는 표현이다. 정말 멋진 장면, 광경, 풍경 등을 표현할 때 사용한다.

오해 금지

Don't get me wrong [도운트 겟 미 뤙]

오해하지 마

상대방이 오해할 수 있는 말이나 행동을 하고 나서 사용한다.

"Don't misunderstand me."보다 자연스럽고 자주 사용하는 표현!

Don't take this the wrong way

[도운트 테잌 디스 더 뤙 웨이]

오해하지 말고

듣기 싫은 잔소리할 때 항상 등장하는 표현이며, 이 말이 나오면 오해가 있을 수밖에 없다.

마지막 기회

It's the eleventh hour

[잇츠 디 일레번th쓰 아우어]

마지막 기회야

마감 시간은 12시, 마감 1시간 전으로 **마지막 기회**라는 뜻이다. '막판에', '막바지에'라는 뜻으로도 사용한다.

It's your last shot [잇츠 요어r 래스트 샷]

이게 마지막 기회야

마지막 한 발처럼 더 이상의 기회는 없다는 뜻이다.

다시 없을 기회는 **"It's now or never."**라고도 표현한다.

절연

I cut ties with him [아이 컷 타이즈 윋 힘]

손절하다

| cut ties with (someone) | = 좋지 않은 일로 인해 인간관계를 정리하다, 인연을 끊는다

그랑 손절할 거야 = **We'll cut ties with him.**

I burned bridges with him

[아이 번드 브릳지스 윋 힘]

그와 관계를 끊어 버렸어

| burn bridges | = 절교, 관계를 끊다

다리를 불태워 없애 버리는 것을 사람과 관계 끊는 것에 비유한 표현이다.

PART
4

경고

WARNING

PART 4

❶ 기분 더럽네	I'm offended [암 어f펜디드]
❷ 헛소리하지 마	Stop talking nonsense [스탑 토킹 난센스]
❸ 쓸데없는 소리 그만	Cut the crap [컷 더 크랩]
❹ 귀찮게 하지 마	Will you stop bugging me?
	[윌 유 스탑 버깅 미]
	Don't get in my hair
	[도운트 게딘 마이 헤어r]
❺ 오버하지 마	Stop overacting [스탑 오우버랙팅]
	You're overreacting [유어r 오우버리액팅]
❻ 본때를 보여주마	Kick some ass [킥 섬 애스]
❼ 까불지 마	Don't mess with me [도운트 메스 윋 미]
❽ 얕보지 마	Don't underestimate me
	[도운트 언더레스터메이트 미]

⑨ 바보 취급하지 마	I wasn't born yesterday
	[아이 워즌트 본 예스터r데이]
⑩ 예의 좀 지키세요	Mind your manners [마인드 요여r 매너즈]
⑪ 똑바로 행동해	Behave yourself [비헤이v브 요어r셀프]
⑫ 당신이 실례한 거예요	Excuse you [익스큐즈 유]
⑬ 넌 빠져	Butt out [벗 아웃]
⑭ 두고 보자	You will pay for this [유 윌 페이 f포얼 디스]
⑮ 내 말 잘 명심해!	Mark my words! [마아r크 마이 워r즈]
⑯ 찍소리 내지 마	I don't want to hear a peep out of you
	[아이 도운트 원 투 히어r 어 핍 아웃 어브 유]
⑰ 짜증나게 하지 마	Don't provoke me [도운트 프러v보욱k 미]
⑱ 자극하지 마	Don't poke the bear [도운트 포욱k 더 베어]
⑲ 말 조심해	Watch your tone [와치 요r어 토운]

⑳ 너랑 끝이야	You're dead to me [유어r 데드 투 미]
㉑ 네가 모든 것을 망치고 있어	You are jeopardizing everything
	[유 아r 제퍼다이z징 에브리th띵]
㉒ 그만 괴롭혀	Stop picking on me [스탑 피킹 안 미]
㉓ 잔소리	Quit nagging me [q큇 내깅 미]
	Stop lecturing me [스탑 렉처링 미]
㉔ 허세 그만 부려	Stop bluffing [스탑 블러f핑]
㉕ 그만 자랑해	Stop showing off [스탑 쇼우잉 오f프]
㉖ 뒤통수치지 마	Don't go behind my back
	[도운트 고우 비하인드 마이 백]
㉗ 말대꾸하지 마!	Don't talk back to me!
	[도운트 톡 백 투 미]
㉘ 내 말 끝까지 들어줘	Hear me out [히얼 미 아웃]

29 입 다물어!	Zip it! [z집 잇]
30 목소리 높이지 마	Don't raise your voice [도운트 r레이즈 요어r v보이스]
31 옳은 일을 해	Do the right thing [두 더 r롸잇 th띵]
32 건방지게 행동하지 마	Don't be a smart ass [도운트 비 어 스말트 애스]
33 왈가왈부하지 마	Don't argue [도운트 알r규]
34 너무 욕심부리지 마	Don't bite off more than you can chew [도운트 바이트 오프 모어r 덴 유 캔 츄]

I'm offended [암 어f펜디드]

기분 더럽네

| offended | = 기분이 상하다, 불쾌하다

상대방이 무례한 행동이나 언행을 할 때 사용한다.

Stop talking nonsense [스탑 토킹 난센스]

헛소리하지 마

말도 안 되는 소리를 하는 사람에게 사용 가능하다.

"You're talking nonsense."라고 해도 된다.

Cut the crap [컷 더 크랩]

쓸데없는 소리 그만

미드에 단골로 등장하는 표현이지만 무례한 표현이니 주의해서 사용해야 한다.

"Cut the bullshit."은 더욱 강력한 표현!

귀찮게 하지 마

Will you stop bugging me? / Don't get in my hair

Will you stop bugging me?

[윌 유 스탑 버깅 미]

그만 귀찮게 할래?

상대방이 나를 짜증나게 할 때 사용한다.

"Stop bothering me." 대신 사용 가능!

귀찮게 하지 마

Don't get in my hair [도운트 게딘 마이 헤어r]

귀찮게 하지 마

귀찮고 짜증나게 할 때 **"Don't bother me."** 대신 사용 가능한 표현이다.

오버하지 마

Stop overacting / You're overreacting

Stop overacting [스탑 오우버랙팅]

오버하지 마

| overact | = 과장된 연기

누군가 오버해서 행동할 때 사용하는 표현이다.

오버하지 마

You're overreacting [유어r 오우버리액팅]

과민 반응 / 오버하다

| **overreact** | = 과민 반응하다 / 오버하다

상대방이 내가 한 말이나 행동에 대해서 흥분할 때 사용한다.

내가 과민 반응하는 거야? = **Am I overreacting?**

Kick some ass [킥 섬 애스]

본때를 보여주마

혼쭐을 내거나 본때를 보여주고 싶을 때 사용 가능한 표현이다.

가서 본때를 보여주자 = **Let's kick some ass.**

Don't mess with me [도운트 메스 윋 미]

까불지 마

자꾸 나한테 장난을 치거나 깐죽거릴 때 사용 가능한 표현이다.

| **mess with someone** | = 누군가를 화나게 하거나 기분 나쁘게 까불다

8

warning

Don't underestimate me

[도운트 언더레스터메이트 미]

얕보지 마

| underestimate | = 과소평가

날 무시하지 마라, 혹은 과소평가하지 말라는 의미의 표현이다.

I wasn't born yesterday

[아이 워즌트 본 예스터r데이]

바보 취급하지 마

갓 태어난 아기처럼 아무것도 모르는 바보가 아니고 알 건 다 안다는 표현이다.

Mind your manners

[마인드 요여r 매너즈]

예의 좀 지키세요

공공장소에서 무례하고 예의 없이 행동하는 사람에게 사용 가능하다.

Behave yourself [비헤이v브 요어r셀프]

똑바로 행동해

주로 말썽을 피우거나 소란을 일으키는 아이들 또는 사람들에게 주의 주는 표현이다.

Excuse you [익스큐즈 유]

당신이 실례한 거예요

'나는 잘못한 게 없고 네가 잘못했다'라는 뜻이다.

잘못 사용하면 다툼을 유발할 수 있는 표현!

Butt out [벗 아웃]

넌 빠져

간섭하지 말라는 무례한 느낌이니 주의해서 사용!
"You stay out of this."도 비슷한 표현이다.

You will pay for this [유 윌 페이 f포얼 디스]

두고 보자

"네가 저지른 행동에 대가를 치르게 될 거야."라고 경고하는 표현이다.

15

warning

Mark my words! [마아r크 마이 워r즈]

내 말 잘 명심해!

무언가 표시할 때 '마크한다'라고 표현하듯 내 말을 잘 듣고 기억하라는 강력한 표현이다.

내 말 잘 들어!, 잘 새겨들어 둬! = **Mark my words!**

16

warning

I don't want to hear a peep out of you [아이 도운트 원 투 히어r 어 핍 아웃 어브 유]

찍소리 내지 마

| peep | = 훔쳐보다

여기서는 사람이 말하는 소리를 나타낸다.

17
warning

Don't provoke me [도운트 프러v보욱k 미]

짜증나게 하지 마

| **provoke** | = 자극하다, 도발하다

너 지금 도발하는 거야? = **Are you trying to provoke me?**

Don't poke the bear [도운트 포욱k 더 베어]

자극하지 마

직역하면 곰을 찌르지 말라는 뜻으로, 일부러 자극하지 말라는 경고의 표현이다.

Watch your tone [와치 요r어 토운]

말 조심해

"Watch your mouth." 대신 구체적으로 '말투 조심하라'는 의미를 가진 표현이다.

You're dead to me [유어r 데드 투 미]

너랑 끝이야

상대방이 실망스러운 행동을 하고 나서 정말로 절교하고 싶을 때 사용하는 표현이다.

You are jeopardizing everything

[유 아r 제퍼다이z징 에브리th띵]

네가 모든 것을 망치고 있어

| **jeopardizing** | = 위태롭게 하다, 위험에 빠뜨리다

상대방의 행동으로 모든 것이 위험에 빠졌을 때 사용 가능한 표현이다.

22 Stop picking on me [스탑 피킹 안 미]

warning

그만 괴롭혀

나를 콕 집어 누군가 괴롭히거나 놀릴 때 **"Stop bothering me."** 대신 사용 가능하다.

잔소리

Quit nagging me [q퀏 내깅 미]

잔소리 멈춰

| nag | = 잔소리하다, 바가지를 긁다

잔소리 좀 그만해 = **Stop nagging me.**

Stop lecturing me [스탑 렉처링 미]
잔소리 그만해

"강의 그만 하세요."

내가 하는 일에 사사건건 시비를 거는 친구 또는 누군가에게 하고 싶은 영어 표현!

| **lecture** | = 강의

Stop bluffing [스탑 블러f핑]

허세 그만 부려

| bluff | = 허세를 부리다, 엄포를 놓다

잘난 척하지 마! = Stop bragging!

25

warning

Stop showing off [스탑 쇼우잉 오f프]

그만 자랑해

| Show off | = 으스대다, 과시하다

잘난 척하는 친구에게 적당한 표현이다.

Don't go behind my back

[도운트 고우 비하인드 마이 백]

뒤통수치지 마

말 그대로 등 뒤에서 뒤통수를 치지 말라는 뜻이다.

"Don't stab me in the back."과 비슷하다.

Don't talk back to me!

[도운트 톡 백 투 미]

말대꾸하지 마!

자꾸 말대꾸하는 사람에게 쓰는 표현이다.

말대꾸하다 = **talk back to somebody**

28 warning

Hear me out [히얼 미 아웃]

내 말 끝까지 들어줘

우선 내가 할 말을 방해하지 말고 다 들어보라는 뜻이다. "Let me finish."보다 조금 더 절박한 표현이다.

Zip it! [z집 잇]

입 다물어!

말 그대로 **입에 지퍼 잠그라는 뜻**이다.

조용히 하라고 강압적으로 말할 때 사용하는 표현이다.

30

warning

Don't raise your voice

[도운트 r레이즈 요어r v보이스]

목소리 높이지 마

목소리 큰 사람이 이긴다고 생각하면서 소리 지르는 사람들에게 경고성 표현이다.

31

warning

Do the right thing [두 더 r롸잇 th띵]

옳은 일을 해

말 그대로 옳은 일을 하면서 똑바로 살라는 뜻이다.

넌 옳은 일을 한 거야 = **You did the right thing.**

Don't be a smart ass

[도운트 비 어 스말트 애스]

건방지게 행동하지 마

잘난 척하면서 건방지게 말대꾸하는 사람에게 "너 잘났다."라는 부정적 의미를 담은 표현이다.

| smart ass | = 건방진 녀석, 잘난 체하는 사람

Don't argue [도운트 알r규]

왈가왈부하지 마

모두가 다 한마디씩 할 때 따지지 말라는 뜻이다.

그만 좀 따져 = **Stop arguing.**

34 warning Don't bite off more than you can chew [도운트 바이트 오프 모어r 덴 유 캔 츄]

너무 욕심부리지 마

직역하면 씹을 수 있을 만큼만 씹으라는 뜻으로, 감당할 수 없는 행동은 하지 말라는 표현이다.

PART 5

위로/배려/격려

COMFORT&
REGARD&
ENCOURAGE

PART 5

❶ 힘내	Keep your head up [킵 요어r 헤드 업]
	Keep your chin up [킵 요어r 친 업]
	Keep it up [킵 잇 업]
❷ 무리하지 마	Go easy on yourself [고우 이지 언 요여r셀프]
❸ 안심해	You can rest assured [유 캔 레스트 어슈어r드]
❹ 믿고 맡겨도 돼	You're in good hands [유어 인 귿 핸즈]
❺ 마음이 놓이네	That's reassuring [댓츠 리어슈어링]
❻ 토닥토닥	There, there [데얼,데얼]
❼ 괜찮아	No harm done [노우 하알암 던]
❽ 너무 걱정하지 마	Don't sweat it [도운트 스웻 잇]
❾ 너무 흥분하지 마	Let's not get carried away
	[렛츠 낫 겟 캐리드 어웨이]
❿ 응원할게	Rooting for you [루팅 f포얼 유]
⓫ 항상 널 응원해	I'm always rooting for you
	[아임 올웨이즈 루팅 f포얼 유]

⑫ 참 잘했어!	Kudos to you! [쿠도스 투 유]
⑬ 나한테 다 털어놔	Level with me [레v블 윋 미]
⑭ 내가 잘 설명해 줄게	Let me break it down for you [렛 미 브레익 잇 다운 f포얼 유]
⑮ 네 마음 다 알아	I feel for you [아이 f필 f포얼 유]
⑯ 뭐든지 말만 해	Just say the word [저스트 세이 더 워r드]
⑰ 하던 일 계속하세요	Keep calm and carry on [킵 캄 앤 캐어리 안]
⑱ 넌 정말 소중한 사람이야	You're the apple of my eye [유어r 디 애펄 어브 마이 아이]
⑲ 무슨 일 있어?	What's eating you? [왓츠 이팅 유]
⑳ 중요한 건 마음이야	It's the thought that counts [잇츠 더 th뜻 댓 카운t츠]
㉑ 긍정적으로 생각하자!	Look on the bright side! [룩 안 더 브라이트 사이드]
㉒ 너무 신경 쓰지 마	Don't let it get to you [도운트 렛 잇 겟 투 유]

힘내

Keep your head up! [킵 요어r 헤드 업]

힘내!

주변 사람에게 자신감 가지라고 응원할 때 고개 들고 당당하게 힘내라는 뜻의 표현이다.

Keep your chin up [킵 요어r 친 업]

힘내

직역하면 턱을 들고 있으라는 뜻이지만 힘내라고 할 때 사용 가능하다. 줄여서 **"Chin up!"**

힘내

Keep it up! [킵 잇 업]

파이팅!

친구에게 계속 그렇게 해! 라고 응원하는 표현으로, 잘하고 있다는 뜻이다.

2

comfort&
regard&
encourage

Go easy on yourself

[고우 이지 언 요어r셀프]

무리하지 마

| **go easy on somebody** | = ~를 살살 다루다, 관대하게 대하다

너무 무리하는 친구에게 쉬엄쉬엄 여유를 가지라는 뜻이다.

You can rest assured

[유 캔 레스트 어슈어r드]

안심해

| **rest assured** | = ~에 안심하다

누군가에게 확신을 주거나 걱정을 덜어줄 때 사용한다.

You're in good hands

[유어 인 귿 핸즈]

믿고 맡겨도 돼

| **In good hands** | = 맡기고 안심할 수 있는

직역하면 좋은 손안에 있다는 뜻이다.

믿을 수 있는 사람에게 일을 맡긴 경우 사용 가능하다.

That's reassuring [댓츠 리어슈어링]

마음이 놓이네

근심이나 걱정스러운 일이 있고 나서 안심할 만한 소리를 들었을 때 사용 가능한 표현이다.

6

comfort&
regard&
encourage

There, there [데얼,데얼]

토닥토닥

상대방을 위로하고 싶을 때 **'괜찮아'**, **'토닥토닥'**이라는 뜻이다.

7

comfort&
regard&
encourage

No harm done [노우 하알암 던]

괜찮아

큰 피해가 생긴 것은 아니니 상대방을 안심시키면서 **"걱정하지 마세요", "괜찮아요"라는 뜻**을 가진 표현이다.

8
comfort&
regard&
encourage

Don't sweat it [도운트 스웻 잇]

너무 걱정하지 마

친구에게 여유롭게 긴장을 풀고 걱정하지 말라는 의미에서 **"Don't worry."** 대신 사용 가능하다.

Let's not get carried away

[렛츠 낫 겟 캐리드 어웨이]

너무 흥분하지 마

| **get carried** | = 흥분하다, 자제력을 상실하다

자제력을 잃거나 오버를 하는 상황에서 사용하는 표현이다.

Rooting for you [루팅 f포얼 유]

응원할게

보통은 'Cheer up'을 많이 생각하지만 가까운 사람 아끼는 사람에게 **"나는 너를 응원해."**라고 할 때 사용하는 표현이다.

I'm always rooting for you

[아임 올웨이즈 루팅 f포얼 유]

항상 널 응원해

오랫동안 지켜보던 사람이 잘되기를 바랄 때 사용하는 표현이다. 잘 모르거나 윗사람에게는 **사용 금지!**

Kudos to you! [쿠도스 투 유]

참 잘했어!

칭찬을 뜻하는 그리스어 'kydos'에서 유래된 표현으로,

찬사, 칭찬의 의미다.

Level with me [레v블 윋 미]

나한테 다 털어놔

혼자서 힘들어하고 있는 친구에게 사용하는 표현이다.

솔직하게 말해봐 = You need to level with me.

14
comfort&
regard&
encourage

Let me break it down for you

[렛 미 브레익 잇 다운 f포얼 유]

내가 잘 설명해 줄게

하나하나 차근차근 풀어서 친절하게 설명해 주겠다는 뜻이다.

15

comfort&
regard&
encourage

I feel for you [아이 f필 f포얼 유]

네 마음 다 알아

상대방 이야기에 공감하면서 "네 심정 알아."라는 뜻으로 사용한다.
"I understand." 보다 자연스러운 표현!

16

comfort&
regard&
encourage

Just say the word [저스트 세이 더 워r드]

뭐든지 말만 해

도움이 필요한 친구에게 언제든지 도와줄 수 있으니
"말만 해", "알려만 줘"라는 뜻의 표현이다.

Keep calm and carry on

[킵 캄 앤드 캐어리 안]

하던 일 계속하세요

영국 정부가 2차 세계대전 당시 폭격에 겁을 먹은 시민들의 사기를 돋우기 위해 제작한 포스터에서 유래된 표현이다.

You're the apple of my eye

[유어r 디 애펄 어브 마이 아이]

넌 정말 소중한 사람이야

눈에 넣어도 아프지 않고 사랑스러운 사람을 영어로는 'the apple of my eye'라고 표현한다.

What's eating you? [웟츠 이팅 유]

무슨 일 있어?

친구가 우울하고 힘들어 보일 때 사용한다.
걱정이 상대방을 갉아먹고 있는 모습을 상상하면 쉽다.
비슷한 표현으로는 **"What's bothering you?"**

It's the thought that counts

[잇츠 더 th뜻 댓 카운t츠]

중요한 건 마음이야

마음만으로도 감사하다, 마음이 훨씬 중요하다는 뜻을 가지고 있다.

Look on the bright side!

[룩 안 더 브라이트 사이드]

긍정적으로 생각하자!

말 그대로 밝은 면을 바라보면서 긍정의 기운을 얻는다는 의미다. 'think positively' 대신 사용 가능하다.

Don't let it get to you

[도운트 렛 잇 겟 투 유]

너무 신경 쓰지 마

상황이나 일 관련해 어떤 사람의 행동이나 말에 영향을 받을 때 신경 쓰지 말라는 표현이다.

PART
6

제안/요청

OFFER&
REQUEST

PART 6

❶ 퉁 칠까?	Call it even? [콜 잇 이v븐]
❷ 문 좀 열어줘	Buzz me in [버z즈 미 인]
❸ 썰 좀 풀어봐	Spill the tea [스필 더 티]
❹ 오늘 좀 놀아 보자	Let's get the party started
	[렛츠 겟 더 파알r티 스타알티드]
❺ 파티를 열자!	Let's throw a party! [렛츠 뜨로우 어 파알r티]
❻ 여기 뜨자	Let's bounce [렛츠 바운스]
❼ 제 입장에서 생각해 보세요	Put yourself in my shoes
	[풋 츄어셀프 인 마이 슈즈]
❽ 계산 좀 해주세요	Can you ring it up for me?
	[캔 유 r링 잇 업 f포r 미]
❾ 너무 화내지 마	Don't blow your top [돈트 블로우 유얼r 탑]
❿ 옛날 생각 좀 해봐	Look back on the past [룩 백 안 더 패스트]
⓫ 내 친구 소개해 줄게	I'll hook you up with my friend
	[아일 훅 유 업 윋th 마이 프렌드]

⑫ 누구 데려가도 돼?	Can I bring a plus one?
	[캔 아이 브링 어 플러스 원]
⑬ 다음번으로 미뤄도 될까?	Can I take a rain check?
	[캔 아이 테익 어 r레인 첵]
⑭ 환불해 주세요	I want my money back [아이 원t 마이 머니 백]
⑮ 내 말 좀 믿어봐	Take my word for it [테익 마이 워드 f포r 잇]
⑯ 도움이 필요하니?	Do you need a hand? [두 유 니드 어 핸드]
⑰ 영화 보러 가자	Let's catch a movie [렛츠 캐치 어 무비]
⑱ 연락하고 지내자	Don't be a stranger [도운트 비 어 스트레인저]
⑲ 좀 움직이라고!	Look alive [룩 얼라이브]
⑳ 얼음은 조금만 주세요	Easy on the ice, please
	[이지 안 디 아이스, 플리즈]
㉑ 검색해봐!	Google it! [구글 잇]
㉒ 좀 듣기 좋게 말해봐	Can't you sugar-coat it a little?
	[캔츄 슈거r 코우트 잇 어 리를]

Call it even? [콜 잇 이v븐]

퉁 칠까?

"없던 일로 하자", "퉁 치자"라고 할 때는 영어로

"Let's call it even." 이라고 하면 끝!

Buzz me in [버z즈 미 인]

문 좀 열어줘

인터폰에 대고 문 열어 달라고 할 때 사용한다.

= **Open the door.**

Spill the tea [스필 더 티]

썰 좀 풀어봐

| **spill** | = 흐르다, 쏟아지다

핫한 스캔들이나 소문에 대해서 정보를 알려달라는 뜻이다.

친한 사이에 사용하는 캐주얼한 표현!

Let's get the party started

[렛츠 겟 더 파알r티 스타알티드]

오늘 좀 놀아 보자

파티를 시작할 때 분위기를 up! 시키기 위해 사용한다.

인싸(각종 행사나 모임에 적극적으로 참여하면서 사람들과 잘 어울려 지내는 사람을 뜻하는 신조어)들이 좋아하는 표현!

5
offer&
request

Let's throw a party!

[렛츠 뜨로우 어 파알rE|]

파티를 열자!

파티할 때는 항상 'throw a party'라는 표현을 사용한다.

"We're throwing a party tonight!"

6

offer&
request

Let's bounce [렛츠 바운스]

여기 뜨자

어딘가에서 자리를 확 뜨고 싶을 때 **"Let's go"** 대신 사용 가능한 표현이다.

Put yourself in my shoes

[풋 츄어셀프 인 마이 슈즈]

제 입장에서 생각해 보세요

상대방한테 입장을 바꿔 생각해 보라는 뜻의 표현으로 나의 입장, 상황을 알리고 싶을 때 사용한다.

Can you ring it up for me?

[캔 유 r링 잇 업 f포r 미]

계산 좀 해주세요

계산(ring it up)해 달라고 캐셔(cashier)에게 부탁할 때 사용 가능한 표현이다.

9
offer&
request

Don't blow your top

[돈트 블로우 유얼r 탑]

너무 화내지 마

화나서 뚜껑이 열린다는 표현!
분통이 터질 때 **'blow one's top'**이라고 한다.

10
offer&
request

Look back on the past

[룩 백 안 더 패스트]

옛날 생각 좀 해봐

옛날 생각을 해보라고 할 때 사용 가능하며
"Remember your past."란 표현도 비슷한 뜻이다.

I'll hook you up with my friend

[아일 훅 유 업 윋th 마이 프렌드]

내 친구 소개해 줄게

hook you up with someone = 만남을 주선하다

누군가 소개해 줄 때 "I'll introduce you to my friend." 대신 캐주얼하게 사용하는 표현이다.

Can I bring a plus one?

[캔 아이 브링 어 플러스 원]

누구 데려가도 돼?

친구나 지인을 어디에 데려가고 싶을 때
"Can I bring a friend?" 대신 사용 가능한 표현!

Can I take a rain check?

[캔 아이 테잌 어 r레인 첵]

다음번으로 미뤄도 될까?

초대, 제안 등을 거절하면서 **다음에는 받아들이겠다는 뜻**이다. 스포츠 경기 중 갑자기 비가 내려 다음에 올 수 있도록 제공해 주는 티켓에 비유해서 생긴 표현이다.

14

offer&
request

I want my money back

[아이 원ㅌ 마이 머니 백]

환불해 주세요

마음에 안 드는 물건을 환불받을 때
"I would like a refund." 보다 강력한 표현이다.
"내 돈 내놔!"의 영어 버전!

Take my word for it [테익 마이 워드 f포r 잇]

내 말 좀 믿어봐

강한 믿음을 표현하고 싶을 때 사용한다.

"Trust me." 대신 미드에 단골로 등장 표현한다.

너의 말을 믿을게 = **I'll take your word for it.**

Do you need a hand? [두 유 니드 어 핸드]

도움이 필요하니?

직역하면 '손이 필요하니?'지만 **도움이 필요한지 물어볼 때** 사용하는 표현이다.

"Do you need any help?" 대신 원어민들이 자주 사용한다.

17
offer& request

Let's catch a movie [렛츠 캐치 어 무비]

영화 보러 가자

| catch | = 보다, 참석하다

"Let's watch a movie." 대신 사용 가능한 표현이다.

Don't be a stranger

[도운트 비 어 스트레인저]

연락하고 지내자

말 그대로 '모르는 사람이 되지 맙시다!'라는 뜻이다.
친구들과 작별 인사할 때 'keep in touch', 'stay in contact'와 비슷한 표현이다.

Look alive! [룩 얼라이브]

좀 움직이라고!

"서둘러!", "어서 움직여!"라는 뜻이다.

20
offer& request

Easy on the ice, please

[이지 안 디 아이스, 플리즈]

얼음은 조금만 주세요

카페에서 음료를 주문할 때 유용한 표현!

소스 조금만요 = Easy on the sauce, please.

Google it! [구글 잇]

검색해봐!

인터넷으로 검색해 봤어 = **I googled it.**

'검색하다'라는 뜻의 동사처럼 사용!

Can't you sugar-coat it a little?

[캔츄 슈거r 코우트 잇 어 리를]

좀 듣기 좋게 말해봐

| sugar-coat | = 사탕발림

사탕발림이라도 해서 듣기 좋게 이야기해 보라는 뜻이다.

PART 7

일상 표현

EVERYDAY EXPRESSION

PART 7

❶ 아주 쉬운	Easy peasy [이지 피지]
❷ 국룰	Unwritten rules [언리턴 룰즈]
❸ 꿀팁	Life hack [라이프 핵]
❹ 가정주부	I'm a homemaker [암 어 호움메이커]
❺ 자칭	Self-proclaimed [셀프 프로클레임드]
❻ 막상막하	Neck and neck [넥 앤드 넥]
❼ 이랬다저랬다	Wishy-washy [위쉬 와쉬]
❽ 승승장구하다	On a hot streak [안 어 핫 스트릭]
❾ 촌스러워	It's tacky [잇츠 태키]
❿ 너무 과해	It's over the top [잇츠 오우버r 더 탑]
⓫ 솔깃하다	I'm intrigued [암 인트리그드]
⓬ 좀 봐줘	Cut me some slack [컷 미 섬 슬랙]
⓭ 이번엔 봐줄게	I'll let it slide [아일 렛 잇 슬라이드]
⓮ 읽씹 당했어	Left on read [레프트 안 래드]
⓯ 미쳤다	It's bananas [잇츠 버내너즈]
⓰ 광분한/미친	like a chicken with its head cut off [라익 어 치킨 윋 잇스 헤드 컷 오프]

17 장난이야	I'm just pulling your leg
	[암 저스트 풀링 요어 레그]
18 안타깝네	That's a shame [댓츠 어 셰임]
19 내가 쏜다!	It's on me! [잇츠 안 미]
20 이건 서비스예요	It's on the house [잇츠 안 더 하우스]
21 어쩔 수 없어	It is what it is [잇 이즈 왓 잇 이즈]
22 너 완전 내숭떤다	You're being coy [유어 비잉 코이]
23 끼부리다/집적대다	Are you flirting with me?
	[아r 유 플러팅 윋 미]
24 나한테 작업 거는 거야?	Are you hitting on me?
	[아r 유 히팅 안 미]
25 어쩌다 보니	One thing led to another
	[원 띵 레드 투 어너더r]
26 심하게 싸우다	Fight like cats and dogs
	[파이트 라익 캣츠 앤 다그즈]
27 정정당당하게	Fair and square [f페얼 앤 스q퀘얼]
28 우리 친해졌어	We just clicked [위 저스트 클릭트]

PART 7

29 이제 말이 통하네	Now you're speaking my language [나우 유어r 스피킹 마이 랭귀지]
30 피는 못 속여	The apple doesn't fall far from the tree [디 애펄 더전트 f폴 파아r f프럼 더 츠뤼]
31 염장 지르다	Rub salt in the wound [러브 솔트 인 더 우운드]
32 화해하다	Bury the hatchet [베어리 더 해쳇]
33 모르는 게 약이야	Ignorance is bliss [이그너런스 이즈 블리스]
34 울든지 말든지	Cry me a river [크라이 미 어 리버r]
35 상황 파악했어?	Are you up to speed? [아r 유 업 투 스피드]
36 뭔 말인지 알겠어?	Do you follow? [두 유 팔로우]
37 곤란하게 하네	You put me on the spot [유 풋 미 안 더 스팟]
38 결정은 내가 해	I call the shots [아이 콜 더 샷츠]
39 새것 같은 중고	It's in mint condition [잇츠 인 민트 컨디션]
40 저도 잘 몰라요	You're asking the wrong person [유어r 애스킹 더 롱 펄슨]
41 이미 엎질러진 물이야	No use crying over spilt milk [노우 유즈 크라이잉 오우버 스필트 밀크]

42 네 일정에 맞출게	We'll work around your schedule
	[위일 웍 어라운드 요어r 스케줄]
43 내면이 중요하지	Beauty is only skin deep
	[뷰티 이즈 오운리 스킨 딥]
44 너 나 좋아해?	Do you have a thing for me?
	[두 유 해브 어 띵 포 미]
45 뭘 그렇게 꾸물거려?	What's the hold-up? [웟스 더 호울드 업]
46 손바닥 보듯 훤히 알아	I know it like the back of my hand
	[아이 노우 잇 라익 더 백 어브 마이 핸드]
47 불티나게 팔려	They're selling like hotcakes
	[데이 아r 셀링 라익 핫케익스]
48 대충 걸쳐 입어	Just throw something on
	[저스트 th뜨로우 섬띵 안]
49 널린 게 남자(여자)야	There are plenty of fish in the sea
	[데얼 아r 플렌티 어브 피쉬 인 더 시]
50 넌 하나밖에 몰라	You have a one-track mind
	[유 해브 어 원 트랙 마인드]

PART 7

51 너도 마찬가지임!	Right back to you! [롸읻 백 투 유]
52 너무 기대는 하지 마	Don't get your hopes up
	[도운트 겟 요어r 호웁스 업]
53 실망시키지 마	Don't let me down [돈t 렛 미 다운]
54 죄송하지만	With all due respect [윋 올 듀 리스펙트]
55 돈으로 다 되는 건 아냐	Money can't buy everything
	[머니 캔트 바이 에브리띵]
56 해결하기 힘든 일	It's a hard nut to crack
	[잇츠 어 하알드 넛 투 크랙]
57 일행 있으신가요?	Do you have company? [두 유 해브 컴퍼니]
58 듣고 있는 거야?	Am I talking to the wall?
	[앰 아이 토킹 투 더 월]
59 뒷북치지 마세요	Thanks for the history lesson
	[th땡스 f포얼 더 히스터리 레쓴]
60 넌 이제 끝났어	You're yesterday's news
	[유어r 예스터데이즈 뉴즈]
61 수상하군	It smells fishy [잇 스멜즈 피쉬]

62 말해 봐야 입만 아파	Save your breath [세이브 요어r 브레쓰]
63 요약해서 말하면	To make a long story short
	[투 메익 어 롱 스토어리 쇼올트]
64 청혼할 거야	I'm going to pop the question
	[아임 고우잉 투 팝 더 q퀘스천]
65 오래된 습관은 못 버려	Old habits die hard
	[오울드 해빗츠 다이 하알드]
66 오늘 재수 없는 날이네	Today is one of those days
	[터데이 이즈 원 어브 도우즈 데이즈]
67 그냥 아는 사람이야	He's just an acquaintance
	[히즈 저스트 언 어크웨인턴스]
68 어림없는 소리야!	Not in a million years!
	[낫 인 어 밀려언 이얼즈]
69 요점을 말해	Don't beat around the bush
	[도운트 빗 어라운드 더 부쉬]
70 우리 이제 공평하지?	Are we square now? [알 위 스퀘얼 나우]
71 왜 말이 없니?	Cat got your tongue? [캣 갓 요어r 텅]

PART 7

72 이름이 뭐라고요?	I didn't catch your name
	[아이 디딘트 캐치 요어r 네임]
73 운에 맡겨 볼게	I'll take my chances [아일 테익 마이 챈시즈]
74 우리 잘 통해	We have good chemistry
	[위 해v브 귿 케미스트리]
75 잘 자	Don't let the bedbugs bite
	[도운트 렛 더 베드버그즈 바이트]
76 일어나	Wakey-wakey [웨이키 웨이키]
77 잠깐!	Real quick! [뤼일 q퀵]
78 네 얘기는 못 믿겠어	I'm not buying your story
	[암 낫 바이잉 요어r 스토어리]
79 아주 가끔	Once in a blue moon [원스 인 어 블루 문]
80 저런	Bummer [버머r]
81 죽기 아니면 살기야	It's do or die [잇츠 두 오어 다이]
82 정말 싸다	It's a steal [잇츠 어 스틸]
83 완전 바가지야!	That's a rip off [댓츠 어 립 오프]
84 이건 무리야	It's a stretch [잇츠 어 스트레취]

85 편리하다	It comes in handy [잇 컴즈 인 핸디]
86 좋을 대로 해	You're the boss [유어r 더 바스]
87 너무 성급히 판단했어	I made a snap judgement
	[아이 메이드 어 스냅 저지먼트]
88 내 최애 곡이야	That's my jam [댓츠 마이 잼]
89 껴안고 싶어	I just want to cuddle [아이 저스트 워너 커들]
90 전혀 질리지 않아요	It never gets old [잇 네버 겟츠 오울드]
91 감 잡았어	I got the hang of it [아이 갓 더 행 어브 잇]

Easy peasy [이지 피지]

아주 쉬운

누워서 떡먹기와 비슷한 표현으로,
"easy peasy lemon squeezy" 라는 라임을 넣은 표현에서 유래되었다.

Unwritten rules [언리턴 룰즈]

국룰

국룰 = 국민 룰. 말하지 않아도 모두가 알고 있는 규칙

'Unspoken rules'도 사용 가능하다.

불문율이랑 비슷한 표현이다.

Life hack [라이프 핵]

꿀팁

생활의 지혜, 삶을 효율적으로 만들어 주는 꿀팁을 영어로 'life hack'이라고 표현한다.

I'm a homemaker [암 어 호움메이커]

가정주부

'housekeeper'라고 하면 가정부가 되어 버린다.

전업주부는 영어로 **stay-at-home mom**

Self-proclaimed [셀프 프로클레임드]

자칭

요즘 인터넷에 널린 자칭 전문가, 자칭 사업가 등 앞에 'self-proclaimed' 붙이면 끝!

Neck and neck [넥 앤드 넥]

막상막하

경마장에서 실력이 비슷한 말들이 달리는 모습에서 유래되었다.

그들은 막상막하야 = They are all neck and neck.

Wishy-washy [위쉬 와쉬]

이랬다저랬다

결정을 잘 못하고 우유부단한 사람에게 사용하는 표현이다.

이랬다저랬다 하지 마 = **Don't be so wishy-washy.**

On a hot streak [안 어 핫 스트릭]

승승장구하다

인생에서 성공이 지속적으로 이어지는 시기에 승승장구한다는 뜻으로 사용 가능한 표현이다.

난 승승장구 중이야 = **I'm on a hot streak.**

It's tacky [잇츠 태키]

촌스러워

한물간 촌스러움을 표현하고 싶을 때는 영어로 'tacky'

It's over the top [잇츠 오우버r 더 탑]

너무 과해

너무 과장되거나 정도가 지나치면서 상식을 벗어날 때 사용 가능한 표현이다.

11
everyday expression

I'm intrigued [암 인트리그드]

솔깃하다

그럴듯하게 보여 마음이 쏠릴 때 **'귀가 솔깃하다'** 같은 표현이다.

12
everyday expression

Cut me some slack [컷 미 섬 슬랙]

좀 봐줘

상대방에게 **'제 사정 좀 봐주세요'**라고 부탁할 때 사용하는 표현이다.

I'll let it slide [아일 렛 잇 슬라이드]

이번엔 봐줄게

| Let it slide | = 봐주다, 넘어가 주다

잘못해도 한 번은 넘어가거나 눈감아 줄 때 사용 가능한 표현이다.

Left on read [레프트 안 래드]

읽씹 당했어

문자를 읽고 맛있게 씹혔을 때 사용 가능한 표현!

I was left on read.

15
everyday expression

It's bananas [잇츠 버내너즈]

미쳤다

| go bananas | = 미쳐버리다

말도 안되는 미친 상황이나 헛소리를 표현한다.

crazy, insane, nuts 대신 사용 가능!

16
everyday expression

like a chicken with its head cut off [라익 어 치킨 윋 잇스 헤드 컷 오프]

광분한 / 미친

광분하고 미쳐버린 상태를 표현할 때 사용한다.

목 잘린 닭이 미친 듯이 뛰어다니는 상태를 표현한다.

I'm just pulling your leg

[암 저스트 풀링 요어 레그]

장난이야

누군가를 골탕 먹이거나, 놀리고 장난칠 때, **'놀리는 거야~'**, **'장난이야~'**라는 표현이다.

That's a shame [댓스 어 셰임]

안타깝네

'안타깝다, 안됐다'라고 표현하고 싶을 때 사용하며, 약간 비꼬는 말투로 들릴 수도 있으니 주의!

It's on me! [잇츠 안 미]

내가 쏜다!

저녁은 내가 살게 = **Dinner is on me.**

술은 내가 살게 = **Drinks are on me.**

It's on the house [잇츠 안 더 하우스]

이건 서비스예요

미드나 영화에 자주 등장하는 표현으로, 식당에서 서비스를 줄 때 영어로 'service'라고 하지 않는다.

It is what it is [잇 이즈 윗 잇 이즈]

어쩔 수 없어

체념의 표현. **'어쩌겠어'**, **'원래 그래'**라는 뜻이다.

You're being coy [유어 비잉 코이]

너 완전 내숭떤다

| coy | = 순진한 체하다, 내숭을 떠는

내숭떨지 마 = **Stop being coy.**

Are you flirting with me?

[아r 유 플러팅 윋 미]

끼부리다 / 집적대다

| **flirt with (someone)** |

남녀가 서로 호감을 표시할 때 사용 가능한 표현이다.

상황에 따라 부정적인 의미(꼬리 치다, 건드리다, 작업 걸다)도 있으니 주의!

너 그녀에게 집적대는구나 = **You're flirting with her.**

24
everyday
expression

Are you hitting on me?

[아r 유 히팅 안 미]

나한테 작업 거는 거야?

| **hit on someone** | = 수작 걸다, 꼬시다

누군가 나한테 관심이 있는 듯할 때 사용 가능한 표현이다.

One thing led to another

[원 띵 레드 투 어너더r]

어쩌다 보니

하나의 일이 벌어지고 그게 다른 일을 만들어 이렇게 됐다고 표현할 때 사용한다.

26
everyday expression

Fight like cats and dogs

[파이트 라익 캣츠 앤 다그즈]

심하게 싸우다

격렬하게 싸우는 것을 보았을 때 사용하는 표현이다.
고양이와 개가 심하게 싸우는 모습을 상상!

Fair and square [f페얼 앤 스퀘얼]

정정당당하게

'올바르게', '공정하게'라는 표현!

우리는 선거에서 정정당당하게 이겼다

= **We won the election fair and square.**

We just clicked [위 저스트 클릭트]

우리 친해졌어

| click with someone | = 마음이 통하다

우린 통했어, 서로 마음이 맞는다

Now you're speaking my language [나우 유어r 스피킹 마이 랭궈지]

이제 말이 통하네

대화 도중에 **'나랑 통하는구나'**, **'당신과 말이 통하는군'**이라는 표현이다.

30

everyday expression

The apple doesn't fall far from the tree [디 애펄 더전트 f폴 파아r f프럼 더 츠뤼]

피는 못 속여

사과가 나무에서 떨어져 봤자 **어디 멀리 가지 않는다는 뜻**으로 가족끼리 닮았다는 표현이다.

Rub salt in the wound

[러브 솔트 인 더 우운드]

염장 지르다

상처에 소금을 문지른다고 생각하면 끔찍! 불난 집에 부채질한다는 표현이다.

염장 지르고 싶지는 않아

= I don't want to rub salt in the wound.

Bury the hatchet [베어리 더 해첫]

화해하다

직역하면 손도끼를 땅에 묻는다는 뜻으로 싸움을 멈추고 화해한다는 뜻이다.

우리 화해하자 = **Let's bury the hatchet.**

Ignorance is bliss [이그너런스 이즈 블리스]

모르는 게 약이야

| ignorance | = '무지', | bliss | = '행복'

비참하거나 끔찍한 사실은 모르는 게 더 낫다는 표현이다.

Cry me a river [크라이 미 어 리버r]

울든지 말든지

누가 자꾸 징징거리면서 투덜댈 때 울어도 소용없다는 표현이다.

Are you up to speed?

[아r 유 업 투 스피드]

상황 파악했어?

| **up to speed** | = 상황을 파악하다

누군가에게 최신 상태의 정보를 알려준다는 뜻이다.

Do you follow? [두 유 팔로우]

뭔 말인지 알겠어?

이야기나 설명을 분명히 이해했는지 확인할 때 사용 가능한 표현!

무슨 말인지 알겠지? = **Do you follow what I'm saying?**

You put me on the spot

[유 풋 미 안 더 스팟]

곤란하게 하네

| put someone on the spot | = 이상한 질문, 행동으로 사람을 곤혹스럽게 만들 때 사용 가능한 표현이다.

I call the shots [아이 콜 더 샷츠]

결정은 내가 해

| call the shots | = 자기 의지대로 하다, 결정권이 있다

힘이 있는 사람이 자기 뜻대로 하거나 결정권을 가지고 있을 때 사용한다.

It's in mint condition

[잇츠 인 민트 컨디션]

새것 같은 중고

| in mint condition | = 거의 완벽한 상태인

중고로 물품 팔 때 제일 중요한 영어 표현이다.

비슷한 표현은 **"It's as good as new."**

40
everyday expression

You're asking the wrong person

[유어r 애스킹 더 롱 펄쓴]

저도 잘 몰라요

엉뚱한 사람한테 묻는다는 뜻으로, 누군가 나한테 무엇을 물어봤는데 아무것도 모를 때 사용하는 표현이다.

No use crying over spilt milk

[노우 유즈 크라이잉 오우버 스필트 밀크]

이미 엎질러진 물이야

직역하면 **'이미 엎지른 우유'**라는 뜻으로 이미 지나간 일을 후회해 봐야 소용없다는 뜻

42 everyday expression

We'll work around your schedule [위일 웍 어라운드 요어r 스케쥴]

네 일정에 맞출게

상대방을 배려하면서 스케줄에 맞춰 보겠다는 표현

타인의 일정에 맞추다 = work around someone's schedule

43
everyday expression

Beauty is only skin deep

[뷰티 이즈 오운리 스킨 딥]

내면이 중요하지

아름다움은 표면적이라는 뜻이다.

아무리 겉모습이 예뻐도 **내면이 중요함을 표현!**

Do you have a thing for me?

[두 유 해브 어 띵 포 미]

너 나 좋아해?

| have a thing for | = 마음이 있다, 관심이 있다

"Do you like me?"처럼 사용 가능한 표현!

What's the hold-up?

[웟스 더 호울드 업]

뭘 그렇게 꾸물거려?

예상보다 시간이 오래 걸리거나 늦는 경우에 캐주얼하게 자주 사용하는 표현이다.

"What's taking you so long?" 대신 사용 가능!

I know it like the back of my hand

[아이 노우 잇 라익 더 백 어브 마이 핸드]

손바닥 보듯 훤히 알아

사람, 지역 등등 속속들이 잘 알 때 손바닥에 비유해서 표현하듯, 영어로는 **손바닥 대신 손등**이라고 표현한다.

They're selling like hotcakes

[데이 아r 셀링 라익 핫케익스]

불티나게 팔려

불티나게 팔리다 = **sell like hot cakes**

어떤 물건이 날개 돋친 듯 잘 팔릴 때 사용 가능한 표현!

Just throw something on

[저스트 th뜨로우 섬띵 안]

대충 걸쳐 입어

급하게 외출해야 할 때 옷을 대충 걸친다고 말하듯
'그냥 대충 입는다'라는 뜻이다.

There are plenty of fish in the sea [데얼 아r 플렌티 어브 피쉬 인 더 시]

널린 게 남자(여자)야

'이 세상의 반은 남자(여자)야' 라는 영어식 표현이다.

You have a one-track mind

[유 해브 어 원 트랙 마인드]

넌 하나밖에 몰라

외골수처럼 한 가지만 생각하고 다른 것들은 전혀 신경 쓰지 않는 사람!

Right back to you! [롸윗 백 투 유]

너도 마찬가지임!

"You too." 대신 사용 가능한 표현!

우리말 표현으로 "반사" 생각하면 된다.

Right back at ya!

Don't get your hopes up

[도운트 겟 요어r 호웊스 업]

너무 기대는 하지 마

직역하면 **너의 기대를 높이지 말라는 뜻**으로 희망이나 가망이 없어 보이는 경우 사용 한다.
너무 큰 희망을 갖지 말라고 할 때 이 표현을 사용해 보자.

Don't let me down [돈t 렛 미 다운]

실망시키지 마

| let someone down | = 누군가를 실망시키다

| disappoint | = 실망하다 대신 원어민들이 즐겨 사용하는 표현!

With all due respect [윋 올 듀 리스펙트]

죄송하지만

불편하게 지적해야 하는 상황에서 많이 사용한다.
또는 할 말을 해야 할 때 사용하는 표현!
외람된 말씀이지만 = With all due respect.

Money can't buy everything

[머니 캔트 바이 에브리띵]

돈으로 다 되는 건 아냐

돈으로 살 수 없는 것이 있을 때, 그런 상황에서 사용 가능한 표현이다.

It's a hard nut to crack

[잇츠 어 하알드 넛 투 크랙]

해결하기 힘든 일

| nut | = 견과류 | crack | = 깨다

어려운 문제를 깨기 힘든 견과류에 비유한 표현이다.

Do you have company?

[두 유 해브 컴퍼니]

일행 있으신가요?

| **company** | = 일행

식당에서 테이블 안내받을 때 항상 등장하는 질문이다.
'company'가 회사의 의미가 아니니 **주의!**

Am I talking to the wall?

[앰 아이 토킹 투 더 월]

듣고 있는 거야?

상대방이 내 말을 전혀 듣지 않을 때 마치 **벽을 보고 이야기하는 것 같다는** 표현이다.

59 everyday expression

Thanks for the history lesson

[th땡스 f포얼 더 히스터리 레쓴]

뒷북치지 마세요

이미 알고 있는 일들을 괜히 말해서 **분위기를 어색하게 만드는 상황**에서 사용한다.
말 그대로 '역사 수업 감사!'

60
everyday expression

You're yesterday's news

[유어r 예스터데이즈 뉴즈]

넌 이제 끝났어

이미 지나간 어제의 뉴스는 아무런 관심을 받지 못한다.

중요성, 영향력이 없어진 사람에게 사용하는 표현이다.

61
everyday expression

It smells fishy [잇 스멜즈 피쉬]

수상하군

수상한 낌새를 생선 비린내에 비유한 표현이다.
"It's suspicious."도 가능하다.

Save your breath [세이브 요어r 브레쓰]

말해 봐야 입만 아파

쓸데없는 말을 하느라 소중한 호흡(breath)을 낭비하지 말라는 뜻이다.

63

everyday expression

To make a long story short

[투 메익 어 롱 스토어리 쇼올트]

요약해서 말하면

간단히 줄여서 말하자면, 한마디로

긴 이야기를 줄여서 말한다는 표현이다.

I'm going to pop the question

[아임 고우잉 투 팝 더 q퀘스천]

청혼할 거야

| **propose** | 대신 원어민들은 청혼 질문을 깜짝 터트리듯 **'pop the question'**이라고도 표현한다.

Old habits die hard

[오울드 해빗츠 다이 하알드]

오래된 습관은 못 버려

좋지 못한 오랜 습관들은 쉽게 사라지지 않는다(die hard)는 표현

Today is one of those days

[터데이 이즈 원 어브 도우즈 데이즈]

오늘 재수 없는 날이네

직역하면 '그런 날 중 하나'라는 뜻으로, 일이 잘 안 풀리거나 좋지 않은 일이 연속해서 같은 날 일어날 때 사용한다.

He's just an acquaintance

[히즈 저스트 언 어크웨인턴스]

그냥 아는 사람이야

| **acquaintance** | = 친하지 않은 그냥 지인, 아는 사람

Not in a million years!

[낫 인 어 밀려언 이얼즈]

어림없는 소리야!

어처구니없는 소리를 하는 친구에게 하는 말이다.

"Never!" 대신 사용 가능한 표현!

69
everyday expression

Don't beat around the bush

[도운트 빗 어라운드 더 부쉬]

요점을 말해

자꾸 요점을 피하고 말을 돌려서 할 때, 빙빙 돌리지 말고 바로 이야기하라는 표현이다.

70

everyday expression

Are we square now?

[알 위 스퀘얼 나우]

우리 이제 공평하지?

서로 빚진 게 없는 사이에서 | square | = 공평하다는 뜻

"We're even."도 사용 가능!

71

everyday expression

Cat got your tongue?

[캣 갓 요어r 텅]

왜 말이 없니?

고양이가 혀를 가져가기라도 한 거야?

아무 말도 못하는 **'꿀 먹은 벙어리'**의 영어식 표현이다.

I didn't catch your name

[아이 디딘트 캐치 요어r 네임]

이름이 뭐라고요?

이름을 한 번에 못 들었거나 기억하지 못할 때 사용한다.

73
everyday expression

I'll take my chances

[아일 테익 마이 챈시즈]

운에 맡겨 볼게

잘 되리라는 확신은 없는 상태지만 위험을 감수하고 시도할 때 사용하는 표현이다.

We have good chemistry

[위 해v브 귿 케미스트리]

우리 잘 통해

케미가 좋다, 궁합이 잘 맞는다는 뜻이다.

75
everyday expression

Don't let the bedbugs bite

[도운트 렛 더 베드버그즈 바이트]

잘 자

옛날에는 잠을 청할 때 빈대에 자주 물려 "벌레에 물리지 마세요."라는 표현을 지금까지도 잘 자라는 말 대신 사용한다.

Sleep tight, sweet dreams. = 잘 자

76
everyday expression

Wakey-wakey [웨이키 웨이키]

일어나

"Wake up." 대신 조금 더 귀여운 표현이다.

"Rise and shine."은 군대식 표현!

Real quick! [뤼일 q퀵]

잠깐!

잠깐, 후딱이라는 뜻으로 문장 뒤에 오는 표현이다.

잠깐 폰 좀 확인할게 = I'll check my phone real quick.

나 잠깐 들를게 = I'll swing by real quick.

78
everyday expression

I'm not buying your story

[암 낫 바이잉 요어r 스토어리]

네 얘기는 못 믿겠어

못 믿겠다는 영어로 **"I don't buy it."**

| **believe** | 대신 | **buy** |로 표현한다.

Once in a blue moon [원스 인 어 블루 문]

아주 가끔

가뭄에 콩 나듯 아주 가끔 있는 일에 사용하는 표현이다.

Bummer [버머r]

저런

| bummer | = 저런, 운도 되게 없네

친구가 신형 아이폰을 사자마자 떨어뜨려서 액정이 깨진 모습을 상상하면 쉽다.

It's do or die [잇츠 두 오어 다이]

죽기 아니면 살기야

이판사판이랑 비슷한 영어 표현이다.

하거나(do) or 죽거나(die) 둘 중 하나

82

everyday expression

It's a steal [잇츠 어 스틸]

정말 싸다

물건의 가격이 너무 저렴해서 거의 훔친 것이나 다름없다는 뜻!
"It's so cheap." 대신 사용 가능하다.

That's a rip off! [댓츠 어 립 오프]

완전 바가지야!

제값보다 훨씬 비싼 비용을 지불하거나 터무니없이 비싼 가격을 보고 사용 가능한 표현이다.

84

everyday expression

It's a stretch [잇츠 어 스트레취]

이건 무리야

| **stretch** | = 무리하다, 억지로 하다

감당하기 힘든 어려운 일을 해야 할 때 사용한다.

It comes in handy [잇 컴즈 인 핸디]

편리하다

사용하기 유용한 것이라는 뜻이다.

"It's useful." 대신 사용 가능!

You're the boss [유어r 더 바스]

좋을 대로 해

'boss'의 마음대로 결정하는 게 많으니,

네 마음대로, 좋을 대로 하라고 할 때 사용 가능한 표현이다.

I made a snap judgement

[아이 메이드 어 스냅 저지먼트]

너무 성급히 판단했어

make a snap judgement = 깊은 생각이나 논의 없이 즉흥적으로 한 판단

make a snap decision = 성급한 결정을 하다

That's my jam [댓츠 마이 잼]

내 최애 곡이야

| **my jam** | = 내가 좋아하는 것

좋아하는 노래가 나올 때 사용 가능한 표현이다.

I just want to cuddle

[아이 저스트 워너 커들]

껴안고 싶어

애정의 표시로 **꼭 껴안다, 꽁냥꽁냥하다** 라는 귀여운 뜻을 가진 표현

It never gets old [잇 네버 겟츠 오울드]

전혀 질리지 않아요

질리지 않다, 항상 새롭다 라는 뜻이다.

어떤 것을 변함없이 좋아할 때 사용 가능한 표현이다.

I got the hang of it [아이 갓 더 행 어브 잇]

감 잡았어

요령을 알다, ~을 할 줄 알게 되다 라는 뜻으로 사용한다.

get the hang of it = 작동하는 법을 터득하고 감을 잡았을 때

쌤영어, 영어는 한마디로

그림으로 쉽게 이해하는 상황별 일상 회화

초판 1쇄 발행 2023년 2월 22일
초판 2쇄 발행 2023년 6월 1일

지은이 윤상훈
펴낸이 박영미
펴낸곳 포르체

책임편집 임혜원
편 집 김성아
마케팅 김채원, 김현중
일러스트 주노

출판신고 2020년 7월 20일 제2020-000103호
전 화 02-6083-0128 | **팩 스** 02-6008-0126
이메일 porchetogo@gmail.com
포스트 m.post.naver.com/porche_book
인스타그램 www.instagram.com/porche_book

ISBN 979-11-92730-22-6 14740
ISBN 979-11-92730-21-9 (세트)

• 이 책의 국립중앙도서관 출판시도서목록은 서지정보유통지원시스템 홈페이지(http://seoji.nl.go.kr)와 국가자료공동목록시스템(http://www.nl.go.kr/kolisnet)에서 이용하실 수 있습니다.
• 잘못된 책은 구입하신 서점에서 바꿔드립니다.
• 책값은 뒤표지에 있습니다.